Jana Goldberg /
Julia Menschner

Frieden leben

mit Kindern

Praxisideen zur
nachhaltigen Wertebildung

www.herder.de

Covermotiv: © freepik/AdobeStock
Fotos: S. 8: © twohumans - istock.com; S. 13: (c) Kukurund - istock.com; S. 21: © SDI Productions – istock.com; S. 26, S. 27, S. 35, S. 39, S. 47, S. 48, S. 53, S. 54, S. 55: alle © Julia Menschner – aufgenommen in einer integrativen Montessori-Kita in Leipzig; S. 87: © Anastasiia Stiahailo – istock.com
Coverkonzeption und Layout: Uwe Stohrer, Freiburg
Umschlaggestaltung und Satz: Arnold & Domnick, Leipzig
Lektorat: Caroline Baumer, Freiburg
Herstellung: Graspo CZ, A. S., Zlín
Printed in the Czech Republic

Aus Umweltschutzgründen wurde dieses Buch ohne Folie produziert.
ISBN (Print) 978-3-451-39461-4
ISBN E-Book (PDF) 978-3-451-82894-2
ISBN E-Book (EPUB) 978-3-451-82890-4

Jana Goldberg /
Julia Menschner

Frieden leben mit Kindern

Praxisideen zur nachhaltigen Wertebildung

HERDER
FREIBURG · BASEL · WIEN

Inhalt

Frieden säen, Wandel ernten

„Frieden: Wir sind entschlossen, friedliche, gerechte und inklusive Gesellschaften zu fördern, die frei von Furcht und Gewalt sind. Ohne Frieden kann es keine nachhaltige Entwicklung geben und ohne nachhaltige Entwicklung keinen Frieden."
(Präambel der Agenda 2030)

Die 2015 auf dem UNO-Gipfel verabschiedete Agenda 2030 bedeutet einen Meilenstein in der internationalen Stärkung von Nachhaltigkeit (vgl. BMUV 2020). Dort hat die Weltgemeinschaft 17 verbindliche Ziele zur nachhaltigen Entwicklung festgelegt und möchte mit dem 16. Ziel „Frieden, Gerechtigkeit und starke Institutionen" eine friedliche und inklusive Gesellschaft für eine nachhaltige Entwicklung fördern. Bedenkt man, dass Frieden – mit sich, anderen und der Umwelt – die Grundlage für viele, wenn nicht alle anderen Ziele für eine nachhaltige Entwicklung darstellt, ist dieses hehre Bestreben viel zu weit hinten angesiedelt.

Wenn wir eine friedliche, von gegenseitigem Respekt und Achtung geprägte Gesellschaft aufbauen wollen, müssen wir bei unseren Kindern beginnen. Das entbindet uns jedoch nicht davon, auch unsere eigene Fähigkeit zur Friedfertigkeit zu hinterfragen und auszubauen. Um bei den Jüngsten inneren Frieden, friedliches Verhalten und die zugrunde liegenden Werte zu fördern, müssen wir auch reflektieren, wie wir als Erwachsene Kinder behandeln, welche Vorbilder wir ihnen sind und welche Umgebung wir für sie schaffen.

Frühförderprogramme in der Kita können Kinder befähigen, zu Akteuren und Akteurinnen des Wandels zu werden – sie darin bestärken, friedliche Gesellschaften aufzubauen und aufrechtzuerhalten. Sie bereiten also nicht nur auf die Herausforderungen der Schule vor und legen den Grundstein für lebenslanges Lernen, sondern haben auch für die Friedenserziehung größte Bedeutung. So gibt es wissenschaftliche Belege dafür, dass Friedenserziehung in der frühkindlichen Bildung und Betreuung positive Auswirkungen auf die soziale und emotionale Entwicklung von Kindern hat,

Verhaltensprobleme im späteren Leben verringert und das soziale Miteinander positiv beeinflusst. Gut konzipierte Programme können die Bereitschaft von Kindern fördern, mit anderen zu spielen – auch mit denen, die anders sind als sie selbst. Sie können die Fähigkeit zur Empathie unterstützen und Kindern helfen, Ausgrenzungen zu erkennen.

Dass wir mit Kindern Frieden leben können, erfordert einen Paradigmenwechsel – wie in vielen Bereichen unseres Lebens. Wenn wir lernen wollen, unsere Lebensgrundlagen zu respektieren und wertzuschätzen, nachhaltig zu leben und unseren Heimatplaneten in einem vertretbaren Zustand an die folgenden Menschheitsgenerationen zu übergeben, von denen wir ihn geliehen haben, müssen wir alle ein achtsames Miteinander einüben.

Bisher wird gesellschaftlich und politisch der Schwerpunkt von Bildung meist auf akademische Fähig- und Fertigkeiten gelegt. Wichtiger wäre es jedoch, zunächst die moralischen, sozialen, emotionalen und humanistischen Fähigkeiten von Menschen als Fundament für ihr Zusammenleben zu entwickeln. Hierzu eignet sich Friedenserziehung in der Kita hervorragend. Wie dies in der frühkindlichen Bildung und Betreuung umgesetzt werden kann, welche verschiedenen Ansätze es gibt und inwiefern Friedenserziehung auch uns selbst als Akteure und Akteurinnen braucht, wollen wir in diesem Buch aufzeigen.

Jana Goldberg & Julia Menschner

1. Was ist Frieden?

Frieden ist ein komplexer, langwieriger Prozess, der mehrere Ebenen umfasst und schrittweise die Gewalt reduziert bei gleichzeitiger Steigerung von Gerechtigkeit (vgl. Sönsken et al. 2020, S. 37 f.). Er ist kein Zustand, sondern muss immer wieder neu hergestellt werden. Frieden bedeutet dabei die Fähigkeit, Konflikte gewaltfrei, kreativ und empathisch zu lösen.

1.1 Negativer Frieden

Sprachgeschichtlich lässt sich das Wort Frieden auf die indogermanische Kurzsilbe „pri" zurückführen, die „Liebe, Freude" bedeutet (vgl. Pokorny 1959). Auch das Altenglische kannte noch diese Bedeutung. In anderen Sprachen wurde im Zuge der Expansion des Römischen Reiches das lateinische Wort „pacem" zur Basis des Friedensbegriffs, was so viel heißt wie „Vertrag, Vereinbarung, Abwesenheit von Krieg". Das spanische Wort „paz", das italienische „pace" oder englisch „peace" zeigen diesen Wortstamm noch immer deutlich (vgl. Online Etymology Dictionary 2021). Der Begriff erfuhr im Laufe der europäischen Geschichte also eine Umdeutung hin zu etwas, das erst geschaffen und mit Verträgen besiegelt werden muss. Dieser sogenannte „negative" Frieden zeichnet sich durch die Abwesenheit von Konflikt, Gewalt und Krieg aus.

1.2 Positiver Frieden

Dem negativen Frieden gegenüber steht der positive Frieden. Dieser Begriff wurde durch den norwegischen Friedensforscher Johan Galtung Ende der 60er-Jahre des 20. Jahrhunderts geprägt. Der positive Frieden verfolgt das Ziel, sowohl einen dauerhaft anhaltenden Frieden herzustellen und zu sichern als auch eine gewaltfreie Gesellschaft hervorzubringen. Seine Bausteine sind „Gerechtigkeit", „die Einhaltung der Menschenrechte", „Versöhnung und Verständigung", „Aufbauhilfen und Kriegsfolgenbewältigung" (vgl. Wikipedia 2022).

Positiver Frieden herrscht in einer gerechten, sozialen und friedlichen Gesellschaft ohne jegliche Formen von Gewalt. Er kann nach Galtung nur gelingen, wenn wir direkter (personaler) und struktureller bzw. kulturell legitimierter Gewalt entgegenwirken, und zwar in allen Gesellschaftsbereichen.

Frieden aus Kindersicht ist …

„… wenn ich fröhlich bin"
„… zusammen malen mit Freunden"
„… mit Mama Mittagsschlaf zu machen"
„… wenn ich meiner Schwester eine Pusteblume schenke"
„… wenn ich glücklich bin und Spaß habe"
„… mit meinem Bruder spielen"
„… wenn Mama bei mir ist"

Das Gewalt-Dreieck nach Johan Galtung

Das Gewalt-Dreieck des Friedensforschers und Soziologen Johan Galtung stellt die Abhängigkeit der drei Arten von Gewalt dar.

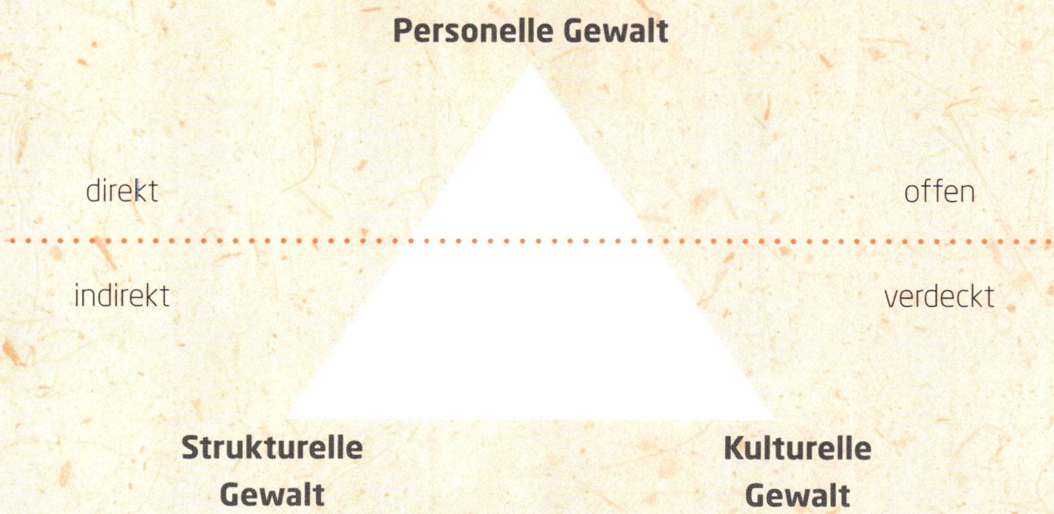

„Es gibt keinen Weg zum Frieden – Frieden ist der Weg."
Mahatma Gandhi

Direkte Gewalt ist die sichtbarste Form von Gewalt. Wir können sie sowohl im Alltag der Kita als auch in den Familien regelmäßig beobachten. Sie findet immer dann statt, wenn eine Person (Täter bzw. Täterin) eine andere (Opfer) körperlich oder verbal angreift, wenn also beispielsweise ein Kind von einem anderen geschlagen, gemobbt oder von Erwachsenen gedemütigt wird (vgl. Südwind/RaP o. J.).

Strukturelle Gewalt ist oft nur schwer zu erkennen, verläuft indirekt und ohne einen bestimmten Täter bzw. eine Täterin. Sie kann sowohl Einzelpersonen als auch ganze Personengruppen betreffen und ist tief in unser Gesellschaftssystem eingewoben. Strukturelle Gewalt findet auf verschiedenen Ebenen statt und äußert sich in ganz unterschiedlichen Arten von Diskriminierung. „Sie liegt nach Galtung immer dann vor, wenn Menschen so beeinflusst werden, dass sie sich nicht so verwirklichen können, wie dies eigentlich potentiell möglich wäre (Apartheid, Rassentrennungsgesetze, Gesetzliche Bestimmungen zur Unterwerfung der Zivilbevölkerung, in Form von ungerechten Sozialverhältnissen, ungleicher Zugang zu Bildung/Ausbildung, entwürdigende Wohnverhältnisse, Armut, ...)" (Südwind/RaP o. J.). Da strukturelle Gewalt oft subtil verläuft und eine verantwortliche Instanz nur schwer zu erkennen ist, ist sie auch nur schwierig zu überwinden.

Kulturelle oder symbolische Gewalt ist eng an die strukturelle Gewalt geknüpft. Sie verläuft ebenfalls verdeckt und indirekt. Sie stellt oft die Rechtfertigung für den Einsatz von direkter oder struktureller Gewalt dar und zeigt sich „in Einstellungen und Vorurteilen (Rassismus, Sexismus, Faschismus, Islamophobie, ...)" (Südwind/RaP o. J.). Kulturelle oder symbolische Gewalt äußert sie sich auch in einem gewaltförderlichen gesellschaftlichen Klima wie beispielsweise einer Ellenbogen-Mentalität oder Statuskämpfen (vgl. Mack 2018). Adultismus (siehe S. 17) ist ebenfalls eine Form kultureller Gewalt, da er als natürlich gegeben hingenommen wird und institutionell verankert ist.

Alle genannten Gewaltformen hängen zusammen, sodass sie beim Herstellen von Frieden immer gemeinsam gedacht werden müssen. Bei konkreten, gewaltsamen Konflikten – zwischen Kindern oder von Erwachsenen ausgehend – sollten sich Fachkräfte also etwa fragen, welche strukturellen Aspekte hineinspielen und wie die Kita einem Klima von Gewalt grundsätzlich entgegenwirken kann. Denn laut Galtung bringen gewalttätige Strukturen und Kulturen direkte Gewalt hervor und reproduzieren sie. Umso wichtiger ist es, sich für eine Kultur des Friedens einzusetzen und damit möglichst früh zu beginnen. Dieser langwierige Prozess beginnt in jedem und jeder Einzelnen. Dabei ist Frieden nicht das Ziel, sondern der Weg.

1.3 Innerer und äußerer Frieden

Neben dem negativen und positiven Frieden lässt sich auch zwischen einem inneren und äußeren Frieden unterscheiden. Sie hängen ebenfalls eng zusammen. Cathleen Haskins (2011) betont so, dass aller Frieden aus dem inneren Frieden kommt: „Je mehr inneren Frieden wir haben, desto mehr Harmonie werden wir in unseren Beziehungen zu anderen Menschen und der Umwelt haben." Die Verfassung der UNESCO bestätigt den Zusammenhang zwischen dem inneren und äußeren Frieden. Dort heißt es etwa: „Da Kriege im Geist der Menschen entstehen, muss auch der Frieden im Geist der Menschen verankert werden" (Unesco o. J.).
Dass innerer Frieden die Basis für harmonische Beziehungen zu anderen Menschen und der Umwelt ist, gilt für Erwachsene, aber auch für Kinder. Friedenserziehung gelingt, indem sie auf spielerische Art von Beginn an Liebe zu sich selbst, zu anderen und der Welt vermittelt. Stehen Mädchen und Jungen in der Kita oder zu Hause etwa unter Druck oder werden von anderen gemobbt, ist es für sie äußerst schwer, sich zu selbstbewussten und friedensstiftenden Erwachsenen zu entwickeln. Doch pädagogische Fachkräfte können sie sowohl mit Achtsamkeitsübungen als auch fantasiefördernden Spielen unterstützen (vgl. Zoeppritz 2016). Auch eine regelmäßige Entspannungspraxis in der Kita fördert inneren Frieden. Wenn Mädchen und Jungen kurze, altersgemäße Meditationen einüben, lernen sie zunehmend, dass sie nicht auf alle ihre Impulse reagieren müssen, und können ihre Aufmerksamkeit und Emotionen besser regulieren. Dabei bietet sich besonders eine ganzheitliche, naturbasierte Achtsamkeitspraxis an (siehe Kasten S. 12).

Naturbasierte Achtsamkeitspraxis

Der Aufenthalt in der Natur hat zu jeder Jahreszeit viele positive Auswirkungen auf Körper, Geist und Seele. Nicht nur profitieren Gesundheit, Grob-, Feinmotorik und Sprachentwicklung, auch naturwissenschaftliche und mathematische sowie Problemlösekompetenzen können dort gezielt geschult werden. In Bezug auf die Friedenserziehung bietet die Natur jedoch noch ein anderes wichtiges Potenzial: Sie kann die emotionale Entwicklung von Kindern stärken. Durch das Spielen und Lernen im Freien entwickeln Kinder Selbstbewusstsein und erleben ein Zugehörigkeitsgefühl.

Achtsamkeit spielt dabei eine große Rolle. Sie ist „die Praxis, auf unsere Gefühle zu achten und darauf, wie unser Geist und Körper sie im gegenwärtigen Moment erleben" und kann darum „ein wertvolles Mittel sein, um Kindern (und Erwachsenen!) zu helfen, Gefühle zu verarbeiten" (Wiedel-Lubinski 2019). In der achtsamen Wahrnehmung können Kinder auch eine Verbindung zu ihrer Umwelt aufbauen. Wenn draußen regelmäßig meditative und entspannende Angebote stattfinden, „werden sich Kinder so körperlicher Empfindungen bewusster, bemerken, wie ihr Körper auf Emotionen reagiert, und entwickeln dadurch auch größeres Mitgefühl für andere" (ebd.). Denn erleben sich die Kinder als Teil eines Ökosystems, Teil einer Gemeinschaft, verschiebt sich der Fokus vom Ich zu einem Wirgefühl. Das hilft ihnen, ihre Impulse beherrschen zu lernen. Wenn Kinder zum Beispiel verstehen, dass Bienen auf Blüten als Nahrung angewiesen sind, pflücken sie seltener Blumen und nehmen eher **Rücksicht auf die Bedürfnisse** von Insekten. Beobachten Mädchen und Jungen aufmerksam die filigrane Schönheit von Spinnweben, haben sie mehr Respekt für die Arbeit und das Zuhause einer anderen Kreatur und bewegen sich vorsichtiger bzw. zerstören Natur nicht mutwillig. Sie lernen, andere – mögen sie noch so klein oder schwach sein – zu achten.

Damit Kinder während des Spielens im Freien eine achtsame und wertschätzende Haltung entwickeln können, müssen Erziehende jedoch Vorbild sein und Respekt für die Vielfalt und Komplexität in unserem **Ökosystem** vorleben. Dabei sollten sie offen für Kind zentriertes, aktives Lernen sein und Erfahrungen entstehen lassen, ohne zu stark einzugreifen (vgl. Wiedel-Lubinski 2019 für den Kasten).

Resilienz und Selbstbewusstsein sind wichtige Ressourcen, um inneren Frieden zu erleben und so auch im Außen Frieden herstellen zu können. Durch das Gefühl von Sicherheit und den einfühlsamen Umgang miteinander können Kinder ihr Selbstwertgefühl stärken und Resilienz entwickeln. Es fällt ihnen leichter, sich anzupassen, Konflikte zu lösen, und sie entwickeln eine tiefere Wertschätzung für andere und das Leben insgesamt (vgl. ebd.). Achtsamkeitspraxis verbessert nicht von heute auf morgen das Bewusstsein für sich und die Welt. Doch wird sie regelmäßig eingeübt, kann ein Klima entstehen, bei dem niemand (ab)gewertet und gewaltfreie Kommunikation praktiziert wird. Setzen Fachkräfte und Kinder diese im Alltag um, finden sie zu einem friedlichen Miteinander – innen und außen (vgl. ebd.).

2. Kinderseelen schützen – Gewalt und Trauma in der Kita

Kriegs- und Fluchterfahrungen, Missbrauch, Armut, Krankheit – pädagogische Fachkräfte haben die schwierige Aufgabe, traumatisierte und risikobelastete Kinder zu schützen. Doch nicht immer kommt die Gewalt von außen. Auch die Institution Kita ist vielerorts von struktureller Gewalt geprägt, die zu direkter Gewalt gegenüber Kindern führen kann, sei es verbal oder physisch. Dies hat Gründe, über die wir uns klar werden müssen. Denn nur so sind wir in der Lage, die dahinterliegende Dynamik zu erkennen, zu reflektieren und zu ändern.

2.1 Generationenübergreifende Traumata

Dass Kinder in der Kita oder zu Hause – von Eltern oder pädagogischen Fachkräften – Gewalt erfahren, kann ganz unterschiedliche Gründe haben. Oft sind die Täter und Täterinnen jedoch in der Vergangenheit selbst Opfer von Traumata oder Gewalterfahrungen geworden, die sie nun weitergeben. Das kann sich über Generationen hinziehen.

Die europäische Geschichte ist von kriegerischen Auseinandersetzungen geprägt, wie bereits die oben erwähnte Bedeutungsverschiebung des Wortes Frieden sichtbar macht. Insbesondere die beiden Weltkriege haben ihre Spuren in den Seelen der Menschen in ganz Europa hinterlassen. Traumasymptome, individuelle und kollektive, wurden dabei zu großen Teilen nicht aufgearbeitet und stattdessen unbewusst an die Folgegenerationen weitergegeben. Sie beeinflussen unser Handeln bis heute, etwa in Form von Übererregbarkeit, Verlustängsten, Depressionen, Trauergefühlen, Schuld oder Hilflosigkeit, ohne dass wir wissen, woher diese Symptome stammen. Sie können sich aber auch durch Lebensgefühle, Glaubenssätze oder Weltbilder bemerkbar machen, die nicht so richtig zur eigenen Lebensgeschichte passen wollen. Aber „nur was wir kennen, können wir erkennen. Und nur was wir erkennen, können wir auch heilen. Vererbte Wunden verursachen heutiges Leid, und es ist kein Luxus, uns diesen vererbten Wunden zuzuwenden" (Katharina Drexler, in Kriechel 2019). Ererbte Traumafolgen bei sich zu erkennen und aufzuarbeiten, um sie nicht unbewusst an die nächsten Generationen weiterzugeben, liegt in der Verantwortung von uns Erwachsenen.

Die Mechanismen transgenerationaler Weitergabe von Traumata, ihre Folgen und Heilungsmöglichkeiten sind erst in den letzten Jahren in den Blick der Öffentlichkeit geraten. Dieses Thema ist deshalb so wichtig, da es die meisten von uns betrifft und wir uns des lodernden Unfriedens im Inneren bewusst sein müssen, um Frieden in uns selbst zu schaffen. Dieser Frieden in uns dient als Basis für die Vermittlung von Friedensfertigkeit an nachfolgende Generationen im Allgemeinen und die Kinder, mit denen wir täglich zu tun haben, im Besonderen (vgl. für das Kapitel Drexler 2021).

2.2 Klima emotionaler Gewalt in der Kita

Wenn ein Kind ein anderes zur Seite schubst oder es schlägt, ist die Gewalt für alle offenbar. Auch wenn eine Fachkraft ein Kind unbeherrscht anschreit oder es grob am Arm packt, nehmen die meisten das als grenzüberschreitendes Verhalten wahr und problematisieren es im Team. Doch ein friedensförderliches Klima setzt schon früher an. Vielmehr kommt es in der Friedenserziehung darauf an, auch strukturelle und emotionale Gewalt vonseiten der Erwachsenen in der Einrichtung zu erkennen und zu vermeiden.

Oft hat diese ihre Wurzel darin, dass Fachkräfte selbst nicht mit ihren eigenen, negativ konnotierten Emotionen umgehen können. Wenn sie „von eigenen Impulsen und Gefühlen abgespalten sind, werden sie auf emotionale Ausdrucksformen mit Ablehnung oder sogar Zorn reagieren, wenn Kinder diese ausdrücken – sie kommen sozu-

Buchtipp

Katharina Drexler (2022):
Ererbte Wunden erkennen.
Wie Traumata der Eltern und Großeltern unser Leben prägen. Stuttgart: Klett-Cotta

sagen in Resonanz mit Gefühlen, zu denen sie selber eine negative Erfahrung assoziieren" (Hunziker 2015). In der Folge reagieren Fachkräfte ablehnend auf Kinder und ihren Gefühlsausdruck. Das ist keine bewusste Entscheidung. Vielmehr haben viele Erwachsene aus ihrer eigenen Kindheit moralisierende Glaubenssätze und Benimmregeln verinnerlicht wie „Das gehört sich nicht!", die darauf abzielen, negative Emotionen wie Wut, Trauer oder Angst zu unterdrücken (vgl. ebd.). Da Kinder vom Wohlwollen Erwachsener abhängig sind, richten sie ihre feinen Antennen früh darauf aus zu erspüren, welches Verhalten ihre Bezugspersonen von ihnen erwarten. Bemerken sie nun, dass ihre Emotionen unerwünscht sind, beginnen sie diese ebenfalls zu unterdrücken oder abzuspalten. Denn die Ablehnungserfahrung der geschätzten Bezugsperson führt dazu, dass das Kind sich selbst falsch zu finden beginnt (vgl. ebd.). In der Schule kann die Außenorientierung dann durch die kühle Leistungsbewertung weiter strukturell verfestigt werden – als Ausdruck und zugrunde liegende Form struktureller Gewalt.

BeWERTungen, die kein Kind braucht

Träumer
unruhig
passt nicht in die Gruppe
macht nie mit
bestimmerisch
kann nicht zuhören
stört gern andere
unaufmerksam
selbstsüchtig
schüchtern
Störenfried
brav
zappelt viel
aggressiv
problematisch
hat andere im Griff
stur
kann sich nicht konzentrieren
ärgert andere absichtlich
Problemkind
trotzig
bockig
faul
zickig
ungeduldig
verwöhnt

Um ein friedensförderliches Klima zu schaffen, ist es darum unabdingbar, dass sich Fachkräfte mit ihren eigenen Gefühlen auseinandersetzen und Selbstliebe entwickeln. „Liebe deinen Nächsten wie dich selbst", steht in der Bibel. Die goldene Regel „Was du nicht willst, das man dir tut, das füg auch keinem anderen zu" hat diesen Grundsatz aufgegriffen. Aber lieben wir Erwachsenen uns selbst? Nehmen wir uns an mit allen unseren Eigenschaften, auch denen, die wir lieber nicht hätten?
Menschen, die nicht in der Lage sind, mit ihren „negativen" Gefühlen in Kontakt zu treten, können keinen inneren Frieden entwickeln, da sie einen als unerwünscht erlebten Teil ihres Selbst unterdrücken. Sie können ihren Nächsten bzw. ihre Nächste nur so weit lieben, wie sie sich lieben. Ohne Selbstannahme ist auch keine Wertschätzung für andere möglich. Das heißt, wir können Kindern Frieden nur so weit glaubhaft, authentisch und überzeugend vermitteln, wie auch in uns Frieden herrscht (vgl. Hunziker 2015).
Um Gewalt oder Diskriminierungsformen wie Adultismus (siehe Kasten) in der Kita zu verhindern, reicht es nicht aus, sich mit den eigenen biografisch gewonnenen Wertehaltungen und Einstellungen auseinanderzusetzen und diese nur (intellektuell) zu verstehen. Die Selbstreflexion muss auch Empathie mit dem eigenen inneren Kind und seinen erlittenen Verletzungen beinhalten. Obwohl strukturelle Gewalt sich durch die Entpersonalisierung (keine Täterschaft) und Internalisierung (Verinnerlichung) von Gewalt kennzeichnet, ist jede pädagogische Fachkraft dazu aufgerufen, Verantwortung für das Durchschauen und Überkommen struktureller Gewalt in der Kita zu übernehmen. „Die Ziele, die Lerninhalte und die Lernmethoden müssen sich entsprechen. Dies bedeutet u. a., dass im Erziehungs- und Bildungsprozess weder in der konkreten Situation, noch in der Organisation von Lernprozessen Gewalt ange-

Adultismus

Der sogenannte Adultismus (engl. „adult" = Erwachsener) ist eine Diskriminierungsform, die auf der Machtungleichheit zwischen Erwachsenen und Kindern bzw. Jugendlichen basiert. In ihm schreiben sich Erwachsene aufgrund ihrer Lebenserfahrung automatisch mehr Kompetenzen zu und sprechen beispielsweise der Meinung von Kindern weniger Wert zu. Auch Formen physischer und psychischer Grenzüberschreitung sind Merkmale des Adultismus.

wendet oder produziert werden darf, um nicht in Widerspruch zu dem erstrebten Ziel der gewaltfreien Bearbeitung von individuellen, gesellschaftlichen oder internationalen Konflikten zu geraten" (Gugel/Jäger 1997). Aus diesem Grund sollten sich alle Akteure und Akteurinnen bewusst macht, inwiefern sie selbst Teil dieser Strukturen sind und sie verinnerlicht haben (vgl. Draht 2017).

2.3 Kita als traumasensible Umgebung

Pädagogische Fachkräfte können und sollen nicht die Aufgaben von Therapeuten und Therapeutinnen übernehmen. Dennoch sollte das Team darauf achten, die Kita zu einer traumasensiblen Umgebung zu machen, denn Traumafolgen stehen der friedlichen Entwicklung von Kindern entgegen, verhindern sie oft sogar und können zu lebenslangen sozialen und gesundheitlichen Problemen führen. Aus diesem Grund ist es wichtig, sich weiterzubilden, um typische Anzeichen für Stress zu erkennen und den Kindern die Aufmerksamkeit zu schenken, die sie brauchen.

Traumata können nicht nur durch Krieg, Vertreibung oder Tod entstehen. Es reichen auch sogenannte ungünstige Ereignisse in der Kindheit bzw. Kindheitserfahrungen, die einmalig oder über längere Zeiträume stattfinden. Dazu gehören beispielsweise häusliche Gewalt, Vernachlässigung, Missbrauch, Scheidung, extreme Armut, Drogenmissbrauch, psychische Erkrankung eines Elternteils usw. Sie alle können schwerwiegende Auswirkungen auf die weitere physische, psychische und emotionale Entwicklung eines Menschen bis ins Erwachsenenalter haben. „Ein Trauma kann als eine tatsächliche oder wahrgenommene Gefahr definiert werden, die das Gefühl der körperlichen oder emotionalen Sicherheit eines Kindes untergräbt oder eine Bedrohung für die Sicherheit der Eltern oder Betreuungspersonen des Kindes darstellt, seine Bewältigungsfähigkeit überfordert und seine Funktionsfähigkeit und Entwicklung beeinträchtigt" (Nicholson/Nadiv 2020). Nicht alle Menschen erleiden durch Traumata Folgestörungen. Aber um der Ausweitung von Traumafolgen

Anzeichen von Stress bei Kindern

Nervosität, Unwohlsein, Ängstlichkeit, Rückzug, Langeweile, Teilnahmslosigkeit, Freud- und Lustlosigkeit, Appetitlosigkeit und Schlafschwierigkeiten, Kopf- und Bauchschmerzen, Übelkeit, Aggressivität, Destruktivität bei Kindern entgegenzuwirken, sollten Fachkräfte feinfühlig mögliche Symptome wahrnehmen und auf sie reagieren. Dazu ist es besonders wichtig, eine fürsorgliche, sichere Beziehung aufzubauen.

Kinder können mit Rückzug und Teilnahmslosigkeit sowie Rückfällen in vorherige Entwicklungsstufen auf ein Trauma reagieren. Sie zeigen Anzeichen von Stress und sind schnell überwältigt. Ihnen mangelt es an „Freude, Abenteuer- und Entdeckungslust oder Vorstellungskraft" (ebd.). Besonders im Spiel zeigen sich oft Hinweise. Wenn traumatisierte Kinder spielen, wiederholen sie häufig die traumatische Situation, da dies ihnen ermöglicht, Kontrolle zu empfinden und besser mit ihrer Angst vor der traumatischen Erfahrung umzugehen. Sie fühlen sich dann weniger überwältigt. Beispielsweise spielen sie Such- und Wiedervereinigungsspiele oder retten andere immer wieder aus bedrohlichen Situationen. Fachkräfte und andere Bezugspersonen können den Kindern an dieser Stelle helfen, indem sie in das Spiel einsteigen bzw. das Kind dazu ermutigen und anleiten, einen positiven Spielausgang herbeizuführen. Sie können es daran erinnern, dass es stark und mutig ist sowie das Ende der Geschichte selbst bestimmen kann. Alternativ können Fachkräfte Kinder anregen, vom belastenden Rollenspiel zu einem strukturierteren Spiel zu wechseln. Auch sinnenreiche Spiele draußen helfen ihnen oft bei der Bewältigung und fördern Resilienz.

Hier ein paar Anregungen, wie das Kita-Team eine traumasensible Umgebung für die Kinder schaffen kann:

- Ermöglichen Sie Kindern spielerisch im Kita-Alltag, ihre Gefühle auszudrücken und über Ängste zu sprechen, z. B. durch künstlerisches Gestalten, viel Bewegung an der frischen Luft, aber auch durch positive Rollenspiele. Lesen Sie Geschichten oder sehen Sie gemeinsam Bilderbücher an, die vorbildhafte Charaktere beinhalten und Wertschätzung ausdrücken (siehe S. 90).
- Bieten Sie gestressten Kindern Gelegenheiten, allein zu spielen, ohne durch Kommunikation oder Interaktion überfordert zu werden. Hierzu eignen sich besonders strukturierte Spiele (z. B. Puzzles, Sortierspiele) und Materialien wie Knetmasse, Sand oder andere Naturmaterialien.
- „Singen, Tanzen, Gehen, Schaukeln, Seilspringen, Trommeln, Musizieren, Dehnen, Meditation oder bewusstes Atmen" (ebd.) – regelmäßige, rhythmische Bewegungen haben einen beruhigenden und Stress abbauenden Effekt auf Kinder und sollten darum auf jeden Fall Teil des Kita-Alltags sein.

- Ermuntern Sie die Kinder dazu, ihre angestaute Energie freizusetzen. Diese bleibt sonst nach stressigen und traumatischen Erlebnissen im Körper stecken. Kinder, die mit einem hohen Maß an Stress leben, brauchen Gelegenheiten, sich motorisch auszupowern, z. B. indem sie rennen, toben oder tanzen.
- Im Spiel Entscheidungen treffen zu können, hilft Kindern Kontrolle zurückzugewinnen und stärkt somit ihre Widerstandsfähigkeit. Erwachsene können sie dabei begleiten, indem sie tröstende Spielszenarien wählen und das positive Spiel mithilfe von Requisiten oder anderen Impulsen sanft unterstützen. Ihr Ziel sollte dabei sein, den Kindern zu helfen, sich stark zu fühlen.

Letztlich geht es bei einer traumasensiblen Pädagogik darum, Kindern sozial-emotionale Fähigkeiten spielerisch beizubringen. Dazu gehören das Wahrnehmen, Benennen und Ausdrücken von Gefühlen in einer geschützten Umgebung ohne Verurteilung sowie das Wahrnehmen und Ausdrücken von Bedürfnissen. Weiterhin benötigen Kinder Unterstützung, um Probleme aktiv zu lösen und selbst Entscheidungen zu treffen. Dies fördert ihre Selbstwirksamkeit, unterstützt das Knüpfen von Freundschaften und Resilienz (vgl. für das Kapitel Nicholson/Nadiv 2020).

Linktipps

Was können und müssen Fachkräfte tun, wenn sie den Verdacht haben, dass ein Kind traumatisiert ist? Auf **www.fruehe-bildung.online** (Suche: Verdacht Trauma) finden Sie drei Artikel zu diesem Thema.

Weitere lesenswerte Hinweise zur traumasensiblen Pädagogik gibt es auf: **www.erzieherin.de/traumasensible-paedagogik.html**

3. Friedenswerte – die Kita als Grundstein des Friedens

In der Kindheit wird der Grundstein für die spätere Entwicklung gelegt. Das gilt auch für Kompetenzen, die dem Frieden förderlich sind. Gefühlsregulation, kritisches Denken und Verhaltensregulation gehören zu den zentralen sozialen Fähigkeiten in der Friedenserziehung, die sich allesamt in der frühen Kindheit entwickeln.
Auch Sprache, Wahrnehmung und körperliche Fähigkeiten spielen im Zusammenwirken mit sozial-emotionalen Fähigkeiten in dieser Zeit eine große Rolle (vgl. Alfonso 2014, S. 170).
Die Pädagogin Stacy M. Alfonso schreibt dazu: „Wenn Kinder Sprache entwickeln, nutzen sie diese, um ihre Bedürfnisse und Wünsche mitzuteilen, ihre Gefühle auszudrücken und Konflikte verbal zu lösen. Wenn die kognitiven Fähigkeiten der Kinder es ihnen erlauben, zwischen sich selbst und anderen zu unterscheiden, nutzen sie ihre neuen sozialen Fähigkeiten, um zu erproben, ob sie Freundschaften schließen können. Aufgrund dieser großen Entwicklungsschritte wird die frühe Kindheit zu einer entscheidenden Zeit für die Entwicklung der Fähigkeiten und Fertigkeiten, die für das Schaffen von Frieden, die Friedenssicherung und die Friedensförderung notwendig sind" (ebd. S. 170).

Heute wissen wir, dass jedes Neugeborene ein riesiges Potenzial in sich trägt, sich auf viele verschiedene Weisen zu entwickeln. Aber dieses Entwicklungspotenzial verkümmert, wenn Kinder nicht eine Vielzahl von Impulsen seitens ihrer Bezugspersonen und Umgebung erfahren. So hat die Neurowissenschaft gezeigt,

dass das Nervensystem sein volles Potenzial nicht ausschöpfen kann, wenn nicht genügend äußere Reize erlebt werden.
Lew Wygotski, einer der führenden Forscher der frühkindlichen Entwicklung, verdeutlicht, dass Stimulationen von Beginn an so wichtig sind, weil sich in dieser Entwicklungsphase die biologischen, physiologischen und psychologischen Strukturen bilden und ausreifen. Auch in späteren Entwicklungsstadien sind Einflüsse und Stimulationen natürlich prägend. In der frühen Kindheit erlangt diese Beeinflussung jedoch eine größere Bedeutung, weil sie an grundlegenden Entwicklungen teilhat – und nicht an bereits gebildeten Strukturen, wie es in späteren Lebensabschnitten der Fall ist. Das zeigt, wie wichtig die Kita mit ihren vielfältigen Bildungsangeboten ist.
Auch Intelligenz und soziale Fähigkeiten prägen sich in jungen Jahren aus und können in der Kita gefördert werden. Sie sind wesentlich für den persönlichen Erfolg und für eine friedfertige Gesellschaft. Eine Vielzahl großer ökonomischer und sozialer Probleme – Kriminalität, hohe Schulabbrecherquoten, Teenagerschwangerschaften, gesundheitliche Beeinträchtigungen – lassen sich auf einen Mangel an sozialen Kompetenzen und Fähigkeiten wie Aufmerksamkeit, Durchsetzungsvermögen und Kooperationsfähigkeit zurückführen. Diese sogenannten Soft Skills sind weder weich noch unbedeutend. Im Gegenteil: Studien haben gezeigt, dass sie wesentliche Bestandteile für den Erfolg im Leben sind (vgl. für das gesamte Kapitel PEEC 2021).

3.1 Werte- und Normenentwicklung

In Europa, aber auch in den anderen Teilen der Welt, sind Kriege und Konflikte tief im kollektiven Bewusstsein der Menschen verankert. Die Epigenetik hat gezeigt, dass Traumata über Generationen hinweg bestehen bleiben (transgenerationale Traumatisierung), wenn sie nicht aufgearbeitet und geheilt werden (siehe Kapitel 2.1). Die Epigenetik hat aber auch gezeigt, dass wir nicht Opfer unserer Gene sind, sondern dass die Umgebung, in der wir leben, unser Leben und das der kommenden Generationen zum Besseren verändern kann. Friedenserziehung in der Kita hat also auch einen transgenerationalen Effekt. Durch sie werden die Kompetenzen, die für eine friedliche Gesellschaft notwendig sind, wie die Fähigkeit zu teilen, unterschiedliche Standpunkte zu respektieren, Meinungen und Bedürfnisse gewaltfrei zu artikulieren und Kompromisse zu schließen, von klein auf gefördert und von Generation zu Generation weitergegeben.

Diese können jedoch nicht auf kognitive Weise gelehrt werden, insbesondere nicht in so jungen Jahren, in denen die kognitiven Fähigkeiten noch nicht ausgereift sind. Vielmehr müssen sie mit dem Herzen erfahren werden. Die Wissenschaft ist sich einig, dass auf dem Weg zu einer friedlicheren Gesellschaft der Fokus auf die emotionale Entwicklung gelegt werden muss. Das größte humanitäre Netzwerk der Welt, die Internationale Rotkreuz- und Rothalbmond-Bewegung (IFCR 2011), unterstützt dieses Argument, indem es ein Lernen fordert, das nicht beim Intellekt ansetzt, sondern sich auf Gefühle, den Körper und Erfahrungen konzentriert sowie zwischenmenschliche soziale Kompetenzen und Werte fördert. Dies macht Kunst, Musik und Lieder, Geschichten, Sport und Spiele zu idealen Werkzeugen für die Vermittlung von Frieden. Letztlich ergänzen sich die Ansätze, die sich auf friedensstiftende Fähigkeiten konzentrieren, und diejenigen, die sich auf das innere Wohlbefinden konzentrieren, und verbinden sich zu einem vollständigeren und allumfassenden Ansatz der Friedenserziehung.

Unabhängig von der jeweiligen Ausgestaltung gibt es Werte, die für alle Ansätze der Friedenserziehung prägend sind. Dazu gehören beispielsweise der Respekt vor Vielfalt, Empathie, gewaltfreie Kommunikation, Liebe und Harmonie. Werte wie Selbstachtung und Selbstwertgefühl, ein Sinn für Fairness und Gerechtigkeit und das Bewusstsein für Zusammenhänge zählen ebenso dazu wie die Förderung der Kreativität und des kritischen Denkens der Kinder. So kann sich ein tiefgreifendes Verständnis für den Respekt vor sich selbst, vor anderen und vor der Gemeinschaft sowie eine globale Perspektive entwickeln.

Kindern die Fähigkeiten der Kommunikation, Kooperation und Konfliktlösung beizubringen, wird sie dazu befähigen, in einer herausfordernden Welt auf Frieden hinzuarbeiten. Besitzen sie grundlegende moralische Werte wie Liebe, Mitgefühl und spüren sie Verantwortung, können sie Glück in sich selbst und in ihrer Umgebung herbeiführen. Sie sind in der Lage, verantwortungsvoll zu handeln und Frieden in der Gesellschaft zu schaffen.

3.2 Kompetenzorientierung

Vor circa 30 Jahren hat sich das allgemeine Bild vom Kind dahin gewandelt, dass es nicht von außen geformt werden muss, sondern als kompetentes Wesen von Geburt an mit vielfältigen Fertigkeiten und Veranlagungen ausgestattet ist. Das heißt, es tritt auch von Beginn an in Beziehung zu anderen Menschen, beobachtet und reagiert

auf seine Umwelt, ist neugierig und wissbegierig, zeigt Empfindungen und möchte beschützt und geliebt sein, um aus dieser Sicherheit heraus Neues zu erleben. Den Erziehenden kommt dabei die Aufgabe zu, die Kinder zu stärken – in ihren emotionalen, personenbezogenen, sozialen Fähigkeiten und Interessen sowie Talenten, und zwar möglichst individuell, da sich jedes Kind in seinem eigenen Tempo entwickelt.
Ein Kind benötigt zur eigenständigen Entwicklung ein authentisches Bild von sich selbst. Denn Entwicklung findet immer von innen heraus statt; von außen können nur Bedingungen geschaffen werden, die Entwicklung ermöglichen (oder auch verhindern). Dazu muss ein Kind eigene und fremde Bedürfnisse kennenlernen und erleben dürfen. Ihm muss die Möglichkeit gegeben werden, seine Sinne einzeln und in ihrer Gesamtheit herauszubilden, seine groß- und feinmotorischen Fertigkeiten und seine kognitiven Fähigkeiten zu entwickeln. Das alles läuft nach mehr oder weniger vorgegebenen „Bauplänen" ab, die wir aus der Entwicklungspsychologie kennen: Erst kommen die großmotorischen Bewegungsabläufe und körperlichen Erlebnisse, dann die feinmotorischen, inklusive der Mundmotorik.
Dem gegenüber steht seit einigen Jahren die Kompetenzorientierung, die davon ausgeht, dass pädagogische Fachkräfte vorrangig die Aufgabe haben, Kinder so früh wie möglich hinsichtlich ihrer individuellen Kompetenzen zu fördern und zu stärken, um sie optimal auf ihren weiteren Entwicklungsweg vorzubereiten. Die Herausforderung besteht darin, sowohl die Kompetenzorientierung als auch die kindzentrierte Pädagogik miteinander in Einklang zu bringen, um das Individuum mit seinen je eigenen Bedürfnissen, Fähig- und Fertigkeiten ganzheitlich wahrzunehmen. Deshalb ist es wichtig, Kompetenzorientierung für die eigene Arbeit so zu verstehen, dass das kompetente Kind bei seinen selbstständigen Bildungsprozessen unterstützt wird – in seinem Tempo und nach seinen je aktuellen Interessen.
Wagen wir an dieser Stelle schon einmal einen Blick in die Montessori-Pädagogik (siehe Kapitel 4.1). Maria Montessori spricht in diesem Zusammenhang nicht nur von sogenannten sensiblen Phasen (siehe Kasten), sondern erwähnt immer wieder die Formulierung „das Kind als der Baumeister seiner selbst". Damit drückt sie aus, dass ein Kind in der Lage ist, seine Entwicklung selbst zu gestalten, wenn es in einer Umgebung aufwächst, die es sensibel beobachtet, dem Kind Zeit und Raum gibt und es tun lässt. Im Alter von 3 bis 6 Jahren etwa „lässt sich eine besondere Sensibilität für soziale Strukturen und Gemeinschaft mit anderen (Kindern) beobachten" (Herder o. J.).
Wieder zeigt sich so die Verbindung zur Friedensförderung in der Kita: Da Kinder sich

während ihrer Kita-Zeit in der sensiblen Phase für ein soziales Miteinander befinden, muss gerade dort besonderes Augenmerk darauf gelegt werden, wie Erwachsene dies gestalten und vorleben, um ihrer Entwicklung gerecht zu werden.

Sensible Phasen nach Maria Montessori

Mit dem Begriff „sensible Phasen" beschreibt Montessori die Entwicklungsstufen eines Kindes in einem Abschnitt von jeweils sechs Jahren. In jeder dieser Phasen hat das Kind „eine besondere Empfänglichkeit, eine besondere Bereitschaft für den Erwerb bestimmter Fähigkeiten" (Montessori Zentrum ANGELL Freiburg o. J.). Das bedeutet: Das Kind selbst spürt, dass jetzt der richtige Zeitpunkt gekommen ist, um beispielsweise Lesen und Schreiben zu lernen. Die Aufgabe pädagogischer Fachkräfte besteht darin, diese sensiblen Phasen zu erkennen und zu spüren, was das Kind braucht. „Das Erkennen des Entwicklungsniveaus des individuellen Kindes zu einem bestimmten Zeitpunkt bildet den Ausgangspunkt für die Lernangebote, die in dieser Situation angemessen sind" (Eckert/Raapke 2015, S. 16).

4. Mit sich selbst Frieden schließen – die Rolle der Fachkraft

Die pädagogische Fachkraft spielt bei der Umsetzung der Friedenserziehung eine zentrale Rolle, da sie nicht nur den Alltag in der Kita strukturiert und die Umgebung gestaltet, sondern Mädchen und Jungen in der frühen Kindheit vor allem durch Nachahmung lernen. Wie sie ein gutes Vorbild ist und den Frieden in der Kita begünstigen kann, stellen wir darum auf den folgenden Seiten dar.

4.1 Friedenserziehung nach Maria Montessori

Von Maria Montessoris reformpädagogischen Vorstellungen, Kinder auf dem Lebensweg zu begleiten, bleibt besonders ihr prägender Satz „Hilf mir, es selbst zu tun!" in Erinnerung. In dieser knappen Aufforderung, die aus Sicht eines Kindes formuliert ist, steckt eine Sicht auf das Kind, die es vor der Entstehung der Montessori-Pädagogik nicht gab. Fachkräften kommt darin die Aufgabe zu, ein Kind zu unterstützen, wenn es darum bittet. Sie beobachten die Mädchen und Jungen, nehmen ihre Bedürfnisse wahr und reagieren mit einer gut vorbereiteten Umgebung auf sie. Sie halten Situationen aus und lassen zu, dass Kinder eigene Erfahrungen machen – all das steckt in Montessoris pädagogischem Ansatz. Doch was hat das mit einer Erziehung zum Frieden zu tun?

Alltagsrelevante Materialien fördern die Selbstwirksamkeit des Kindes

Maria Montessoris Leben (1870–1952) war von zwei Weltkriegen und vielen gesellschaftlichen Unsicherheiten und Umbrüchen geprägt. Darum überrascht es nicht, dass sich in ihrer Pädagogik auch immer wieder der Begriff der Friedenserziehung findet. Sie hebt sich dabei von anderen Definitionsversuchen ab, indem sie sich dem Begriff durchweg positiv nähert. Es gehe um „Förderung des kreativen Potenzials des Menschen, die Arbeit als Brückenbauer und die Zusammenarbeit zwischen den Völkern" (Trabalzini 2015, S. 94). Um dies zu ermöglichen, nennt sie diese Rahmenbedingungen für ihre Kinderhäuser:

- eine sogenannte vorbereitete Umgebung
- Kindern die Möglichkeit geben, ihren Interessen nachzugehen und sich zu entfalten
- vorbildhafte pädagogische Fachkräfte, die zeigen, aber nicht in das kindliche Tun eingreifen

All dies fördert eine „Atmosphäre voll disziplinierter, ruhiger, ernsthafter und freudiger Aktivität [...] ein Kontext, in dem Frieden erlebbar wird" (ebd. S. 95). Kinder, die ohne Zeitdruck den Tag verleben, die die Möglichkeit bekommen, sich selbst und ihre Fähigkeiten kennenzulernen, die in einer Gruppe füreinander Verantwortung übernehmen, eigene Lösungswege ausprobieren dürfen – in der Gewissheit, dass es ihnen jemand zeigt, wenn sie es allein nicht schaffen –, erfahren ein friedliches Miteinander (vgl. ebd.).

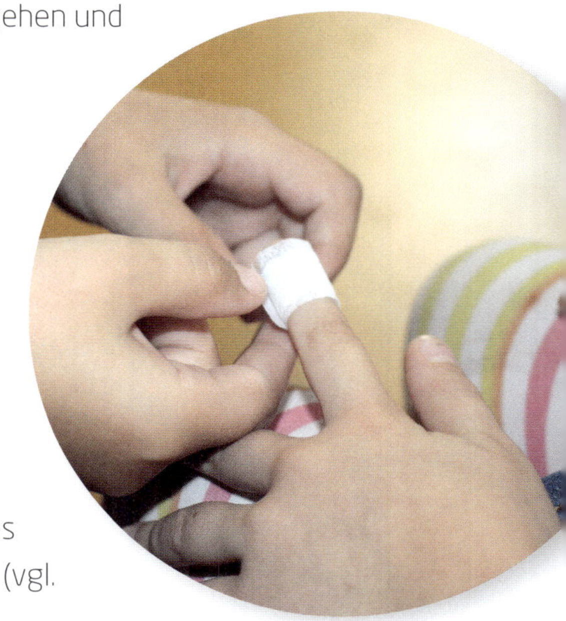

Gegenseitige Unterstützung schult das Empathievermögen

Mit diesem Ansatz bestätigt Montessori, dass die Basis für ein friedvolles Miteinander in der Kindheit gelegt wird – in Kinderhäusern, in denen sich ebendiese Rahmenbedingungen und vor allem die dazu passende Haltung der Pädagogen und Pädagoginnen findet, sodass Kinder unbeschwert aufwachsen können. Denn „das Kind, das nie gelernt hat, allein etwas zu tun, seine eigenen Handlungen zu lenken und seinen eigenen Willen zu beherrschen, erkennt man im Erwachsenen wieder, der sich lenken lässt und der Anlehnung an andere benötigt" (Ludwig et al. 2017, S. 217). Mädchen und Jungen, die in Unsicherheit aufwachsen, unter Methoden der Bestrafung und Missachtung, mit Tadel, Entmutigung und Druck, zeigen im Erwachsenenalter eine „Form der Verzagtheit, der Nachgiebigkeit und [...] der Unfähigkeit zu moralischem Widerstand" (ebd.).

4.2 Anti-Bias-Ansatz

Der Begriff „bias" kommt aus dem Englischen und kann mit „Voreingenommenheit" übersetzt werden. „Anti-Bias" beschreibt so ein Konzept, welches sich gegen die Bildung von Vorurteilen richtet. Entstanden ist der Ansatz in den 80er-Jahren des letzten Jahrhunderts in Kalifornien durch eine Gruppe von Kleinkindpädagogen und -pädagoginnen (vgl. Bosler/Vogt 2018).

Mit dem Anti-Bias-Ansatz werden vier Ziele verfolgt (vgl. ebd.):

1. Entwicklung eines positiven Selbstbildes und einer sicheren Identität
2. Respektvoller Umgang mit Vielfalt
3. Erkennen von Ungerechtigkeiten
4. Beseitigen von Ungerechtigkeiten

Betrachtet man diese Ziele näher, wird deutlich, dass sie schrittweise formuliert sind und aufeinander aufbauen. Der Anti-Bias-Ansatz kann in seiner Gesamtheit als eine Art Brücke zum Thema Frieden gesehen werden. Menschen mit einem sicher ausgebildeten Selbstbild, der Offenheit gegenüber Vielfalt und dem Bestreben danach, Ungerechtigkeiten zu beseitigen, bilden die Grundlage für ein friedliches Miteinander in der Welt.

Pädagogische Fachkräfte können die **Entwicklung eines positiven Selbstbildes** fördern, indem sie jedes Kind so annehmen, wie es ist, sowie die Ressourcen und Stärken der Kinder erkennen und unterstützen. Hierzu braucht es zum einen eine eigene Unvoreingenommenheit und zum anderen die Fähigkeit, zu beobachten und diese

Beobachtungen für die tägliche Arbeit auszuwerten. Dabei gilt es, nicht nur einzelne Kinder, sondern auch die ganze Gruppe im Blick zu haben. Fragen können pädagogische Fachkräfte im Team dazu anregen, regelmäßig zu reflektieren, wie sie die Selbst- und Sozialkompetenzen der ihnen anvertrauten Kinder bestmöglich stärken können.

Reflexionsfragen:
Stärkung der Selbst- und Sozialkompetenzen

- Welche Gruppenstruktur hat sich entwickelt?
- Welche Rollen haben die einzelnen Kinder der Gruppe?
- Gibt es Kinder, die nicht oder kaum in die Gruppe integriert sind?
- Wie kann ich das stille, passive Kind ermutigen sich einzubringen und aktiv zu werden?
- Bestärke ich das Kind in seinem Tun?
- Lasse ich die Kinder ausprobieren und gebe ich ihnen Zeit?

Einen respektvollen Umgang mit Vielfalt lernt das Kind zum einen durch Vorbildwirkung der pädagogischen Fachkräfte. Wenn das Kita-Team allen Kindern offen und wertfrei begegnet, sich bemüht, sprachliche oder andere Barrieren seinen Möglichkeiten gemäß zu überwinden, herrscht ein wertschätzendes Klima. Das beginnt bereits bei der Begrüßung. Gehen Fachkräfte auf alle Kinder, Eltern und andere Bezugspersonen gleich freundlich zu, wird das Kind diese offene Haltung nachahmen. Im besten Fall entstehen so Vorurteile gar nicht erst. Zum anderen sollten Mädchen und Jungen bereits in der Kita erleben, dass jeder Mensch anders ist. Hierbei sind nicht nur offensichtliche Unterschiede gemeint, wie verschiedene Muttersprachen, Hautfarben oder Kulturen, sondern auch individuelle Stärken und Fähigkeiten. Nur durch die Erfahrung, Teil einer Gruppe zu sein, die aus ganz verschiedenen Persönlichkeiten besteht, erfährt das Kind positive Vielfalt.
Ungerechtigkeiten zu erkennen fällt den meisten Kindern nicht schwer. Gerade in einer Gruppe, in der man sich den Großteil des Tages gemeinsam aufhält, achten sie auf Gleichbehandlung. Die größere Herausforderung besteht darin, diese Ungerechtigkeiten klar zu formulieren, gehört und verstanden zu werden. Dabei spielt die Selbstreflexion der pädagogischen Fachkräfte eine wichtige Rolle, weshalb sich auch

hier Reflexionsfragen anbieten. Werden sie regelmäßig gestellt, beispielsweise am Ende der Woche, helfen sie, zunehmend das eigene Handeln in den Blick zu nehmen. Keiner pädagogischen Fachkraft gelingt es, eine hundertprozentige Gleichbehandlung gegenüber Kindern und Eltern umzusetzen. Aber das berufliche Selbstverständnis jeder Fachkraft setzt die Fähigkeit und Bereitschaft voraus, sich selbst zu reflektieren und in den Austausch mit Kolleginnen und Kollegen zu treten. Denn nur wenn sichtbar wird, an welcher Stelle eine deutliche Ungerechtigkeit auftritt, kann das Team die Ursache dafür ergründen und Lösungsansätze finden.

Reflexionsfragen: Ungerechtigkeiten erkennen

- Verhalte ich mich einzelnen Kindern oder Gruppen gegenüber aufgrund bestimmter Merkmale anders (Junge vs. Mädchen; jüngere vs. ältere Kinder; Kinder unterschiedlicher Herkunft; Kinder von engagierten vs. von als anstrengend erlebten Eltern usw.)?
- Wie begegne ich den Eltern am Morgen/am Nachmittag?
- Gebe ich *jedem* Kind ausreichend Zeit für alltägliche Handlungen, z. B. das Anziehen?
- Bin ich gestresst oder genervt, wenn ein Kind herausfordernde Verhaltensweisen zeigt, z. B. häufiges, lautes Schreien, Aggressivität oder Verweigerung? Wie äußert sich das?

Die Auseinandersetzung mit dem Anti-Bias-Ansatz zeigt sehr deutlich, wie wichtig die Rolle der pädagogischen Fachkraft ist. Nur wenn wir das eigene Handeln regelmäßig kritisch reflektieren und uns als Erwachsene unserer Vorbildwirkung bewusst sind, kann dieses Konzept umgesetzt werden. Ebenso sollten Fachkräfte verinnerlichen, dass sich dieser Ansatz nicht mal eben zum Frühstück oder im Morgenkreis umsetzen lässt. Da das Konzept ganzheitlich ausgerichtet ist, kann es nur ganzheitlich im kompletten Tagesablauf übernommen werden. Das folgende Kapitel zeigt, wie das im Alltag aussehen kann.

4.3 Selbstreflexion und Teamarbeit

Die Fähigkeit, sein eigenes Handeln zu beobachten, zu hinterfragen und kritisch zu bewerten, ist eine Grundvoraussetzung zur Ausübung eines pädagogischen Berufs. Darüber hinaus haben Fachkräfte aber auch die Aufgabe, die aus der Selbstreflexion gewonnenen Erkenntnisse in den Alltag zu tragen. Nur wer bereit ist, die eigene Kritik anzunehmen und aktiv an notwendigen Veränderungsprozessen zu arbeiten, kann den Anforderungen dieses verantwortungsvollen Berufs gerecht werden.

Paul arbeitet in einer altersgemischten Kindergartengruppe, zu der seit einem Jahr auch der inzwischen 5-jährige Max gehört. Max ist ein sehr selbstbewusstes Einzelkind, das zu Hause selten Grenzen gezeigt bekommt. Gegenüber anderen Kindern ist er sehr bestimmend, er nimmt im Spiel meist die Rolle des Anführers ein, während die anderen machen, was er sagt. Paul merkt schon seit einigen Wochen, dass Max' Verhalten bei ihm immer wieder ungute Gefühle hervorruft. Der Erzieher schreitet häufig sehr schnell ein, wenn Max bestimmend wird – vor allem in Situationen, in denen der Junge laut und energisch auftritt.
Als er an einem Tag wiederholt deutliche Worte gegenüber Max äußert, kommt eine Kollegin auf ihn zu. Sie spricht ihn an: „Paul, was ist denn los? Es ist doch nichts Schlimmes dabei, wenn Max mal etwas aufdreht. Die Kinder, die mit ihm spielen, scheinen sich ja wohlzufühlen." Sie bietet ihm an, die Gruppe kurz zu übernehmen, damit er einen Moment durchatmen kann.
Paul kommt daraufhin ins Grübeln. Er fragt sich, was genau seine barsche Reaktion ausgelöst hat und warum gerade Max ihn scheinbar so herausfordert. Dabei kommt er zu der Erkenntnis, dass der Junge ihn stark an einen Mitschüler aus seiner eigenen Grundschulzeit erinnert, der ihn regelmäßig geärgert hat und auch handgreiflich wurde.

Paul hat erkannt, dass Max bei ihm eine unschöne Kindheitserinnerung hervorruft. Offenbar sind ihm die Erlebnisse aus seiner Schulzeit stark in Erinnerung geblieben, sodass das Gefühl der Hilflosigkeit von damals nun wieder zum Vorschein kommt. Um die anderen Kinder vor diesem Ohnmachtsgefühl zu schützen und seine eigene Frustration zu verarbeiten, greift er früh und oft heftig ein. Diese Erkenntnis ist ein erster Schritt hin zu einer bewussten Verhaltensänderung: Paul erkennt die Ursache seines eigenen Verhaltens und bemerkt, dass es Max nicht gerecht wird. Nun muss

er darauf aufbauend eine Strategie entwickeln, wie er sich in diesen Situationen mit dem Jungen anders – kindgerecht und empathisch – verhalten kann.
An diesem Beispiel erkennt man den zweiten bedeutenden Aspekt, den jede pädagogische Fachkraft in ihrem Arbeitsalltag umsetzen muss: die Bereitschaft, sich im Team auszutauschen, konstruktive Kritik von anderen anzunehmen und deren Hinweise ernst zu nehmen. Pauls Kollegin hat ihn auf sein eigenes unangemessenes Verhalten aufmerksam gemacht und damit einen langen Gedankengang angestoßen. Er zeigt daraufhin direkt Bereitschaft, ihre Kritik anzunehmen und zu hinterfragen. Um notwendige Kritik konstruktiv zu äußern und lösungsorientiert – im besten Fall gemeinsam – an den angesprochenen Themen zu arbeiten, braucht es im Team Sensibilität, Umsicht und einen möglichst konsequenten Gebrauch von Ich-Botschaften. Wenn Fachkräfte Kritik von Kollegen oder Kolleginnen hören, sollten sie sich stets bewusst machen, dass diese zum Wohl der anvertrauten Mädchen und Jungen geäußert wird. Gleiches gilt für Beschwerden von Kindern. Im Prozess, diese zu hören und anzunehmen, wird das eigene Bild vom Kind deutlich.

Die Bundesfreiwilligendienstlerin Yvonne, seit zwei Monaten in der Kita tätig, beobachtet seit einigen Tagen den Umgang ihrer zwei Kolleginnen mit der Mutter eines neuen Kindes. Die Frau stammt aus Thailand, spricht kein Deutsch und nur sehr wenige Worte Englisch. Die Kommunikation mit ihr ist für das Team sehr herausfordernd, mit Geduld, Mimik und Gestik aber machbar. Außerdem bringt die Mutter häufig noch eine ältere Tochter zum Übersetzen mit. Beinah täglich, wenn sie das Kind – dessen Eingewöhnung sehr schnell abgeschlossen war – bringt oder holt, verfallen beide Fachkräfte in emsiges Tun und wenden sich von der Situation ab. Das Kind wird nur ganz schnell begrüßt oder verabschiedet, der Mutter nur zugewunken. Auch die offensichtlichen Anzeichen der Mutter nach Kommunikationsbedarf ignorieren die Erzieherinnen. Wenn sie den Raum verlassen hat, tauschen sich die beiden aus, wobei deutlich wird, dass sie mit der Situation überfordert sind und scheinbar große Unsicherheiten im Umgang mit der Frau verspüren.
Yvonne hat bisher nur wenig Elternkontakt gehabt, würde sich aber zutrauen mit der Mutter zu kommunizieren. Sie spricht deshalb eine kürzlich beobachtete Situation an und bietet ihren Kolleginnen freundlich an, sie bei der Kommunikation künftig zu unterstützen. Doch die beiden Fachkräfte weisen sie ab: „Ach, sie versteht uns ja sowieso nicht, da können wir nichts machen."

Yvonne, die neu im Team und keine ausgebildete Fachkraft ist, erlebt hier Verhaltensweisen, die gegenüber anderen Eltern nicht auftreten. Obwohl sie ihre Kritik vorsichtig äußert, wird sie abgewiesen. Daraus lässt sich schließen, dass die zwei Fachkräfte zwar hochgradig verunsichert sind, dies aber überspielen und keine Kritik von anderen annehmen wollen – vermutlich erst recht nicht von einer nicht ausgebildeten neuen Kollegin. Möglicherweise liegen hier auch verborgene Ängste vor: „Wie kann ich mit der Mutter kommunizieren, wenn sie unsere Sprache nicht spricht? Ich traue mir mit meinem gebrochenen Englisch nicht zu, mit ihr zu reden."

Das Beispiel macht deutlich, wie wichtig Austausch im Team und Offenheit gegenüber Hinweisen und Anregungen anderer ist. Hätten die beiden Fachkräfte Yvonnes Anmerkungen ernst genommen und sich auf ihr Angebot eingelassen, hätte dies vielleicht zu einer intensiven Auseinandersetzung mit der hier gezeigten (fehlenden) Elternarbeit geführt. Möglicherweise hätten sie die Erkenntnis gewonnen, dass die aktuelle Haltung gegenüber der Mutter keine langfristige Perspektive hat und beide Unterstützung benötigen, um sie gut begleiten zu können. Bleibt die Situation, wie sie ist, führt sie vermutlich zu Frust auf beiden Seiten, was auf keinen Fall zielführend sein kann.

Pädagogischer Tag zum Thema Kritik

Besprechen Sie bei einem pädagogischen Tag den Umgang mit Kritik im Team anhand von Fragen wie: „Wie äußern wir Kritik?", „Was traue ich mich (nicht) zu sagen?", „Wie fühlt es sich an, Kritik zu hören?"

In der gemeinsamen Arbeit können auch verschiedene Methoden Einzug finden, wie der sogenannte „Fehler des Monats". In einer verschlossenen Box werden Situationen gesammelt, in denen eine Fachkraft etwas „falsch" gemacht hat. Jede legt dort jedoch nur eigene „Fehler" hinein. Zum Team-Meeting wird abgestimmt, was davon den Titel „Fehler des Monats" verdient. Abschließend wird zusammen reflektiert, was die Fachkraft anders hätte machen können und was das Team aus der erlebten Situation für die Zukunft mitnimmt. Die Fachkraft, die so mutig war, das Erlebte mit dem Team zu teilen, erhält eine kleine symbolische Belohnung.

4.4 Biografiearbeit

Das erste Beispiel im vorigen Kapitel zeigt, wie wichtig die Auseinandersetzung mit der eigenen Rolle und Biografie im Hinblick auf das pädagogische Handeln ist. So können Kindheitserlebnisse und alte Erziehungsmuster Fachkräfte in ihrem beruflichen Handeln beeinflussen.

Die Biografiearbeit hilft Pädagogen und Pädagoginnen, sich von diesen eingeübten Mustern zu lösen. Der Begriff Biografie beschreibt die Lebensgeschichte einer Person, ihr Leben als Abfolge von bestimmten Erlebnissen. In der Biografiearbeit setzt man sich demnach mit Erlebnissen seines eigenen Lebens auseinander. „Dabei spielt nicht nur die Vergangenheit eine prägende Rolle, sondern auch die aktuelle Lebenssituation, in der Ereignissen oder Lebensphasen bestimmte Bedeutungen beigemessen werden" (Memory Biografie- und Schreibwerkstatt e. V. 2022).

In der Ausbildung zur staatlich anerkannten Erzieherin bzw. zum Erzieher spielen Methoden der Biografiearbeit eine bedeutende Rolle. Mit dem Ziel, die eigene Motivation für dieses Berufsfeld herauszufinden, setzen sich die Auszubildenden intensiv mit ihrem eigenen Leben auseinander. Im späteren Berufsleben fehlt dafür jedoch häufig die Zeit und möglicherweise auch das Bewusstsein über die Notwendigkeit. Spätestens in einer Situation, wie sie Paul erlebt hat (siehe Beispiel S. 31), wird es aber nötig, sich mit den eigenen Erfahrungen auseinanderzusetzen. Dies kann allein geschehen oder im Austausch mit anderen, zum Beispiel mit einem Teil des Teams oder auch im

Biografiearbeit am pädagogischen Tag

Wenn Sie Biografiearbeit im Team beispielsweise am pädagogischen Tag ausprobieren möchten, empfiehlt es sich, eine externe Moderation einzuladen, die mit Ihnen verschiedene Methoden ausprobiert und gleichzeitig fachliche Impulse gibt.

privaten Rahmen mit einer vertrauten Person. Neben der relativ simplen Möglichkeit, das Gespräch über eigene Erfahrungen und mögliche Auslöser für den Rückfall in alte Muster zu suchen, kann man sich auch kreativ mit der eigenen Biografie beschäftigen. Ein eigenes **Lebensbuch** zu erstellen, kostet zwar viel Zeit, ist aber eine sinnvolle Methode, um sich bestimmte Stationen im eigenen Lebenslauf vor Augen zu führen. Wie der Name sagt, erstellt man dabei ein Buch über sein eigenes Leben, indem man sich für bestimmte, prägende Lebenssituationen entscheidet, die man bildlich und textlich zu Papier bringen möchte. Man kann dies entweder völlig frei tun oder nach Vorlagen, die man sowohl im Internet als auch im Buchhandel (siehe Buchtipps) findet. In der aktiven und kreativen Auseinandersetzung mit der eigenen Kindheit oder Jugend usw. stoßen viele Fachkräfte dabei auf Themen und Momente, die lange verborgen waren.

Nicht ganz so aufwendig, aber oft ebenfalls sehr wirkungsvoll ist das Erstellen einer **Lebenslinie**. Das eigene Leben wird hier auf einer Linie gezeichnet, der man Schlagworte, Bilder und/oder Jahreszahlen hinzufügt. Gleichzeitig kann man diese noch einmal näher in den Blick nehmen, indem man einzelne Stationen herausgreift. Auch einen Lebensbaum zu gestalten oder eine Fotodokumentation bieten sich für die

Buchtipps

Anja Mannhard (2018): **Der Lebensspur folgen.** Mein Ausfüllbuch. Biografiearbeit für Erzieherinnen. Freiburg: Herder

Lisa Wirth (2022): **Mein Leben.** Ein Funken Ewigkeit. Eigenverlag.

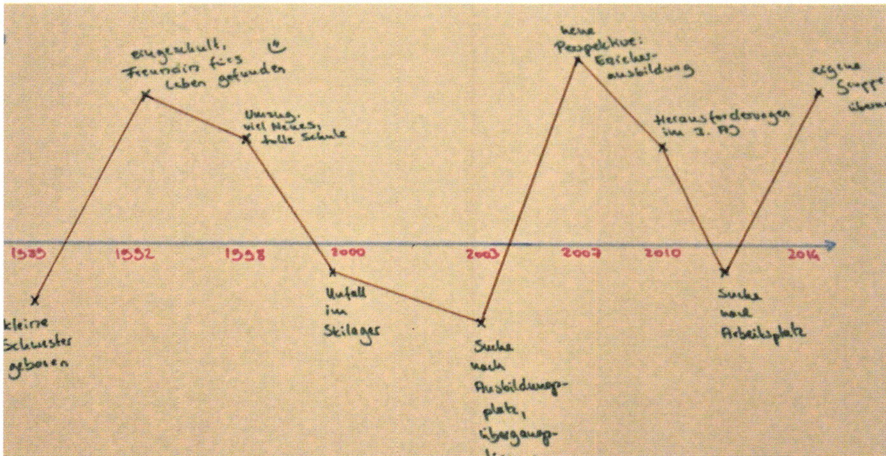

Die Lebenslinie führt wichtige Abschnitte, Stationen und Entscheidungsmomente des eigenen Lebens vor Augen

Biografiearbeit an. Alle Methoden entfalten jedoch nur ihre Wirkung, wenn Fachkräfte offen für Veränderung sind und in ihre Vergangenheit abtauchen möchten.

Fragen vor der aktiven Auseinandersetzung mit der eigenen Biografie

- Mit wem kann ich über meine Gedanken sprechen?
- Woran merke ich, dass ich bereit bin, meinem Handeln eine andere Richtung zu geben?
- Bin ich bereit, mich näher damit auseinanderzusetzen?
- Wie möchte ich mit den gewonnenen Erkenntnissen umgehen?

Beispielfragen zur eigenen Biografie

- An welche Ereignisse aus meiner frühen Kindheit erinnere ich mich besonders gut?
- Welchen Platz hatte ich im Familiengefüge? Habe ich mich willkommen gefühlt?
- Welche Beziehung hatte ich zu meiner Mutter, zu meinem Vater, zu meinen Geschwistern?
- Wie würde ich den Erziehungsstil meiner Eltern beschreiben? Welche Werte wurden mir vermittelt?
- Bin ich gerne in den Kindergarten/zur Schule gegangen? Was habe ich früher am liebsten gespielt? Hatte ich einen großen Freundeskreis?
- Welche Umbrüche gab es in meinem Leben? Welche Krisen habe ich gemeistert (Krankheiten, Trauer, Trennungen, Gewalterfahrungen)?

4.5 Achtsamkeit und Selbstfürsorge

Blicken wir zurück zu Paul (siehe S. 31). Seine aufmerksame Kollegin nimmt seine Überreaktion wahr, spricht ihn darauf an und – das ist ein wichtiger Punkt – macht ihm ein Angebot. Mit der Möglichkeit, sich für einen Moment aus dem verantwortungsvollen Alltag herauszunehmen und durchzuatmen, gibt sie ihm den dringend benötigten Freiraum, um seine Gedanken zu sammeln.

Die meisten pädagogischen Fachkräfte stehen den ganzen Tag unter Strom. Sie müssen ständig ihr Umfeld aufmerksam im Blick haben, möchten jedem einzelnen Kind gerecht werden und dürfen doch den Tagesablauf und die Bedürfnisse der ganzen Gruppe nicht aus den Augen verlieren. Jeder Moment der Unachtsamkeit kann unabsehbare Folgen haben. Die pädagogische Fachkraft ist Trösterin, Vorleserin, Geschichtenerzählerin, Tränentrocknerin, Motivatorin, Spielbegleiterin, Zuhörerin, Freude-Verbreiterin, Nasenputzerin, In-den-Schlaf-Streichlerin, Wut-Aushalterin, Ansprechpartnerin für Eltern, Welterklärerin ... All das macht sie sechs bis acht Stunden am Tag, mit maximal einer Pause. Nebenbei soll natürlich noch stets das eigene Handeln reflektiert werden. Doch was tun, wenn der Moment kommt, in dem der fünfte Wutanfall des Tages zu viel wird? Wenn schon wieder ein Becher Milch über den Tisch kullert, obwohl man doch jetzt endlich in Ruhe mit der Gruppe essen wollte? Wenn man die vierte übervolle Windel wechselt, weil das Kind offensichtlich krank in die Kita gebracht wurde und die Eltern einfach nicht erreichbar sind? Was tun, wenn für einen Moment einfach alles zu viel wird?

In Situationen wie diesen ist der Moment gekommen, in dem es gute Kolleginnen und Kollegen braucht, die das Empfinden der zeitweise überlasteten Fachkraft erkennen und entsprechend umsichtig handeln. In all diesen Situationen braucht es jedoch ebenso die Bereitschaft zur Achtsamkeit und Selbstfürsorge. Auch wenn es im Alltag nicht immer möglich ist, sich sofort aus dem Geschehen zu ziehen, sollten Fachkräfte die eigenen Gefühle nicht ignorieren. Auf die eigenen Bedürfnisse achten und spüren, wenn man einen kurzen Moment für sich selbst braucht, ist ein wichtiger Teil der pädagogischen Arbeit und ein mutiger Schritt in Richtung achtsamen Arbeitens. Denn „nur wenn es [einem selbst] gut geht, [man] zufrieden und einigermaßen ausgeglichen [ist, ist man] zugänglich für die Bedürfnisse der Kinder und [kann] diese kompetent und professionell auffangen" (Manegold 2022).

Selbstfürsorge für pädagogische Fachkräfte

Unsere Arbeit mit Kindern, Eltern und Kolleginnen verlangt uns manchmal Einiges ab. Immer wieder begegnen wir der Herausforderung, unsere Gesundheit und Lebensqualität zu erhalten und die Arbeit mit Sorgfalt, Energie und Mitgefühl durchzuführen. Daher ist es wichtig, auf uns selbst zu achten

4 Schritte zur Selbstfürsorge

Erlaube dir, für dich zu sorgen	Du bist der wichtigste Mensch in deinem Leben! Nur wenn du Kraft hast, kannst du für andere da sein!
Übernimm Eigenverantwortung	Nimm dir, was du und deine Seele brauchst! Sorge dafür, dass du deine Bedürfnisse erkennst!
Begegne dir mit Achtsamkeit	Sei aufmerksam für den jetzigen Augenblick und spüre, was du jetzt brauchst!
Erkenne deine Bedürfnisse und erfülle sie dir	Schlafen, Essen, Trinken, Ruhen, Sicherheit, Geborgenheit, Liebe, Beschäftigung, Bewegung

Quelle: Selbstfürsorge-Karte n. Cantzler/ Klostermann (Cantzler, 2020)

Die Übersicht zum Thema Selbstfürsorge für pädagogische Fachkräfte macht deutlich, was es braucht, um ausgeglichen und mit sich selbst im Reinen diesen verantwortungsvollen Beruf ausüben zu können. Zur Umsetzung dieser vier Schritte gibt es zahlreiche Methoden und Ideen. Jeder und jede muss für sich selbst herausfinden, was davon zu einem passt.

Möglich sind beispielsweise:

- Atem- oder Meditationsübungen
- bewusste Konzentration auf ein Bild oder einen bekannten Ort in einem kurzen Moment der Auszeit
- das Schreiben eines kurzen Tagebuches nach der Arbeit, um den Übergang von der Tätigkeit und dem Privatleben deutlich zu machen,

Ein pädagogisches Tagebuch unterstützt die Reflexion der eigenen pädagogischen Praxis

- persönliche Belohnungen an besonders stressigen Tagen (Spaziergang, Kaffee trinken und 30 Minuten einen Roman lesen, Telefonat mit einem Freund usw.)
- kollegiale Motivationssprüche
- eigene Grenzen setzen („Nein, ich kann den Spätdienst heute wirklich nicht machen, aber ich biete es dir für morgen an")

Für welche Methoden sich Fachkräfte auch entscheiden: Der wichtigste Schritt ist getan, wenn sie sich bewusst gemacht haben, dass sie eine oder mehrere davon in ihrem Alltag brauchen. Denn „noch immer ist es für viele pädagogische Fachkräfte fremd, sich dem eigenen Befinden achtsam zuzuwenden. Sie sehen ihre Aufgabe in der fürsorglichen Zuwendung zu den Kindern und nehmen sich selbst dabei nicht so wichtig" (Leitner 2022).

Besondere Erwähnung soll zuletzt noch einmal das aufmerksame kollegiale Miteinander finden, das es im Alltag erleichtert, sich die oben genannten Auszeiten zu schenken. Denn „leichter erkennen häufig die anderen, wenn Kolleg:innen angespannt oder erschöpft sind, lauter im Ton werden oder unangemessen handeln" (Leitner 2022). Wie aber kommt ein Team zu dieser Sensibilität gegenüber den Bedürfnissen der anderen und wie gelingt ein Klima der Offenheit, sodass betroffene Fachkräfte die Beobachtung der Kollegen und Kolleginnen auch annehmen? Auch das ist ein langer und sicher nicht immer leichter Weg. Doch ist die Basis für die Bereitschaft für ein Feedback-Klima gelegt, kann das Team Schritt für Schritt anfangen, sich auf Achtsamkeitsübungen und den Zuspruch sowie die Kritik der anderen einzulassen (siehe Kasten S. 40).

Schritte zu einer positiven Feedback-Kultur

- Um eine Feedback-Kultur in der Kita zu etablieren, ist es wichtig, stets die eigene Wahrnehmung zu formulieren. Fangen Sie dabei mit dem Positiven an! Geben Sie Ihrer Kollegin oder Ihrem Kollegen in der Gruppe einmal in der Woche ein positives Feedback, wie etwa: „Ich habe wahrgenommen, dass du Anna heute beim Umziehen sehr viel Zeit gegeben hast, obwohl die anderen Kinder bereits gewartet haben. Ich finde es toll, dass du sie bestärkt hast, auch den Pullover noch allein anzuziehen, und die nötige Ruhe auf sie übertragen hast."
- Nach einer gewissen Zeit, wenn sich beide dazu bereit und im Miteinander sicher fühlen, kann man dann auch konstruktive Kritik in dieses Feedback einbauen, wie: „Ich habe gesehen, dass du heute wenig Geduld mit Paul hattest. Vielleicht kann ich ihn morgen beim Mittagessen begleiten, während du schon mit den anderen Kindern ins Bad gehst."

4.6 Praktische Übungen zur Selbstreflexion

Wenn wir ein authentisches Vorbild für ein friedliches Miteinander sein wollen, muss in uns Frieden herrschen. Dafür bedarf es Selbstliebe und Selbstfürsorge – beides nicht zu verwechseln mit Egoismus. Eigene Gefühle und Grenzen wahrzunehmen, zu achten und mitzuteilen sind wichtige Bestandteile der Selbstachtung. Oftmals haben wir dies verlernt und hören nicht auf die leisen Stimmen im Alltagsstress. Deshalb folgen hier ein paar Anregungen zur Selbstreflexion, die dazu führen sollen, sich selbst wieder mehr zu spüren. Fachkräfte brauchen lediglich Stift und Papier und können sie allein oder in der Gruppe durchführen.

Klare Kommunikation

Nehmen Sie ein Blatt Papier und einen Stift zur Hand und suchen Sie sich einen ruhigen Ort. Alternativ können Sie sich ruhige Musik anmachen. Dann notieren Sie:

- Was blockiert oder hindert meine Kommunikation?
- Was bereitet mir in der Kommunikation Schwierigkeiten?
- Worüber spreche ich ungern oder gar nicht, weil ich Angst davor habe? Warum ist das so?

- Was würde passieren, wenn ich sage, was ich fühle?
- Was würde passieren, wenn ich die Ängste einfach loslassen würde?
- Wie anders wäre dadurch mein Leben?

Meine inneren Anteile

Teilen Sie ein Blatt Papier in „Stärken" und „Herausforderungen" und notieren Sie darauf Ihre eigenen inneren Anteile. Seien Sie ehrlich zu sich selbst! Auch das ist eine Form der Selbstachtung.

- Welche Anteile dominieren?
- Was heißt das für mich?
- Welche der „Herausforderungen" sind nützlich für mich?
- An welchen „Herausforderungen" möchte ich in der Zukunft arbeiten?
- Wie setze ich im Alltag meine Stärken ein?

Bei der Reflexion zu zweit sind bei dieser Übung besondere Wertschätzung und Einfühlungsvermögen gefragt.

Werteliste

Akzeptanz, Zusammenhalt, Authentizität, Erfolg, Individualität, Gerechtigkeit, Beliebtheit, Ordnung, Optimismus, Transparenz, Kooperation, Vertrauen, Achtsamkeit, Fröhlichkeit, Qualität, Flexibilität, Toleranz, Sicherheit, Loyalität, Ehrlichkeit, Gleichheit, Offenheit, Weiterentwicklung, Bildung, Humor, Verantwortung, Verlässlichkeit, Kreativität, Hilfsbereitschaft, Gesundheit, Struktur

Meine beruflichen Werte

Sich die eigenen Werte bewusst zu machen und die Werte der Menschen kennenzulernen, mit denen wir arbeiten, gibt uns Klarheit und schärft unsere Wahrnehmung. Es hilft uns, Absichten und Handlungen besser nachzuvollziehen und zu verstehen.
Notieren Sie Ihre eigenen Werte oder bei Gruppenarbeit die des Gegenübers und ordnen Sie sie nach Wichtigkeit. Dabei hilft es, sich vorzustellen, wie es wäre, ohne diese Werte zu leben. Auch sollten Sie noch einmal in sich hineinspüren, ob dies wirklich Ihre eigene Überzeugung ist oder ob Sie sie vielleicht lediglich von vorherigen Generationen übernommen und als Glaubenssätze verinnerlicht haben. Im Anschluss können Sie zu jedem Wert ein Ziel und mehrere Maßnahmen der Umsetzung notieren, um diesem Wert im Berufsleben mehr Geltung zu verschaffen.

Diese Übung eignet sich besonders für das Team: Vergleichen Sie Ihre eigenen Werte mit denen der anderen und stellen fest, dass jeder Mensch seine eigene Wertehierarchie und Gründe dafür hat. Wurde das erkannt, können Sie davon ausgehend Teamwerte formulieren: „Was wollen wir als Team leben? Woran erkennen wir, dass uns das gelingt? Woran erkennen Außenstehende, dass wir unsere Werte leben?" Zum Schluss formulieren Sie gemeinsam die Teamziele und halten sie kreativ fest. So können Sie sie auch Außenstehenden wie den Familien selbstbewusst präsentieren.

Innere Haltung und Framing

Ist das Glas halb leer oder halb voll? Wir geben Dingen und Erfahrungen die Bedeutung, die sie für uns haben. Ändern wir unsere Sichtweise, ändert sich auch die Bewertung. Das zeigt sich etwa an negativen Aussagen wie „Ich bin zu laut!". Nach

Beispiele für Reframing

Negativ	Positiv
„Luisa ist zu laut."	„Luisa ist selbstbewusst und versteckt sich nicht."
„Ahmad macht nicht, was er soll. Er hört einfach nicht auf mich."	„Ahmad hat gerade eine eigene Idee, der er nachgehen möchte."
„Thilo reißt alles an sich. Er kommandiert die anderen ständig herum."	„Thilo bringt sich ein. Er hat eine starke Vorstellung davon, wie etwas sein sollte, und übernimmt Verantwortung."
„Jetzt seid doch endlich mal leise! Heute wollt ihr mich aber auch besonders ärgern."	„Der neue Einstieg im Morgenkreis überfordert die Kinder vielleicht. Ich glaube, sie brauchen gleich eine Pause."
„Schon wieder meckert Delias Vater nur herum."	„Delias Vater ist es wichtig, dass es seiner Tochter gut geht. Er macht uns auf Dinge aufmerksam, die wir reflektieren oder besser kommunizieren müssen."
„Frau Schneider bringt Suri jedes Mal zu spät zum Morgenkreis. Sie respektiert unsere pädagogische Arbeit nicht."	„Frau Schneider ist durch ihre Schichtarbeit sehr belastet. Wir sprechen mit ihr, wie wir die Situation zukünftig für alle Beteiligten verbessern können."

welchem Maßstab? In Bezug auf was? Für wen? In welcher Situation? Da limitierende Aussagen nach dem Schema „ich bin zu X" uns die Möglichkeit nehmen, anders zu sein oder uns anders zu verhalten, bedarf es eines sogenannten Reframings, um aus einer negativen Aussage eine positive zu machen.
Konstruktives, neues Framing kann im Team gezielt eingeübt werden, indem jede Fachkraft Eigenschaften nennt, die sie an sich nicht mag. Das Team erhält dann die Gelegenheit, diese neu zu framen. Nicht zu verwechseln ist die Methode jedoch damit, eine schwierige Situation schönzureden oder Probleme zu ignorieren. Diese müssen auch weiterhin offen angesprochen werden. Doch mit einem positiven Blick darauf, fällt es wesentlich leichter, sie gemeinsam anzugehen und Möglichkeiten für positive Veränderungen zu entdecken (vgl. für den gesamten Abschnitt Warsewicz 2019).

Linktipp

In der „Werkstatt der guten Gedanken" bietet Sandra Warsewicz Inspirierendes für den Kita-Alltag. Im Shop finden sich tolle Materialien: **www.sandra-warsewicz.de**

5. Gemeinsam Frieden stiften – Elternzusammenarbeit

Im Achten Buch des Sozialgesetzbuches (SGB VIII) finden sich vielfältige Grundlagen für den Betreuungsauftrag einer Kindertageseinrichtung. Dieser beinhaltet unter anderem eine Zusammenarbeit „mit den Erziehungsberechtigten [...] zum Wohl der Kinder und zur Sicherung der Kontinuität des Erziehungsprozesses" (§ 22a, Abs. 2). Ebenso wird dort festgelegt, dass die Erziehungsberechtigten „an den Entscheidungen in wesentlichen Angelegenheiten der Erziehung, Bildung und Betreuung" zu beteiligen sind (ebd.). Wie können Kitas diesen Auftrag im Sinne der Friedenserziehung genau ausgestalten?

5.1 Transparenz der pädagogischen Arbeit

Im Rahmen der Beteiligung von Familien braucht es vor allem eines: Transparenz. Indem eine Einrichtung ihre pädagogische Arbeit offen zugänglich macht, Eltern über verschiedene Methoden teilhaben lässt und einen Einblick gewährt, erfüllt sie genau diesen geforderten Grundsatz. Familien fühlen sich willkommen, informiert und entwickeln das Gefühl, auch den Teil des Tages, den sie von ihrem Kind getrennt sind, ein Stück weit mitzuerleben und ihn sogar – im bestimmten Rahmen – mitgestalten zu können.

Die simpelste Form, Eltern zu informieren, ist der klassische **Aushang**. Über sichtbar platzierte und ansprechend gestaltete Aushänge kann man Eltern Neuigkeiten übermitteln und visualisieren, welche Themen gerade aktuell sind, oder Einladungen aussprechen. Über einen Aushang erreicht man im besten Fall alle Eltern mit relativ wenig Aufwand.

In **Tür-und-Angel-Gesprächen** kann die Fachkraft Eltern individuelle kurze Rückmeldungen über Ereignisse oder Themen des Tages geben, die speziell ihr Kind betreffen. Ebenso besteht hier die Möglichkeit, aktuelle Beobachtungen zu schildern und bei Bedarf zu hinterfragen. Tür-und-Angel-Gespräche werden nicht geplant oder strukturiert und können flexibel eingesetzt werden.

In den letzten Jahren nimmt auch in Kitas die **digitale Kommunikation** immer mehr zu. So kann die digitale Welt etwa zu Terminfindungen oder anderen Abfragen genutzt werden (z. B. Doodle-Umfragen). Auch digitale Elternbriefe können unkompliziert an die Eltern einer Gruppe oder der ganzen Einrichtung versendet werden. Ebenso lassen sich E-Mails zur Informationsweitergabe nutzen: Was waren die Themen der Woche? Wird für ein aktuelles Projekt Material benötigt? Können sich Eltern aktiv einbringen? Senden Sie beispielsweise jeden Freitag eine E-Mail mit einer kurzen Zusammenfassung der Woche sowie zwei bis drei Fotos der in der Gruppe erlebten Aktivitäten (Datenschutz beachten: Fotos können etwa Materialien zeigen oder Gestaltetes). Dort können Sie auch aktuelle Liedtexte oder vorgelesene Geschichten mit anhängen (Urheberrecht bzw. GEMA beachten). Damit erreichen Sie recht unkompliziert alle Eltern – auch die, die beim Abholen immer gestresst wirken und wenig Zeit für Aushänge oder Gespräche haben. Gleichzeitig gewähren Sie so einen Einblick in Abschnitte des Tagesablaufs, die normalerweise nicht sichtbar sind.

Die Möglichkeit, in der Einrichtung für einen Teil des Tages zu **hospitieren**, werden aus Zeitgründen vermutlich nur wenige Eltern wahrnehmen, aber diese Option zu haben und sich eingeladen und willkommen zu fühlen, vermittelt ihnen dennoch Sicherheit und Wertschätzung. Nicht wenige Kinder sind am Tag acht oder neun Stunden in der Kita. Da es für viele Eltern nicht leicht ist, ihre Kinder in ein fremdes Umfeld zu unbekannten Personen abzugeben, kann ein Einblick in den Tagesablauf der Einrichtung, in das Handeln und die Haltung der pädagogischen Fachkräfte eine positive Einstellung hervorrufen. Das neu gewonnene Wohlbefinden der Eltern überträgt sich dann wiederum auf ihr Kind.

Neben der Hospitation, bei der die Eltern eine passive Rolle einnehmen, besteht auch die Möglichkeit, Bezugspersonen in die **themenbezogene Arbeit zu integrieren**. Die Bandbreite ist hier weit gefächert: ein von kompetenten Eltern durchgeführtes Angebot, Vorlesezeiten, der Besuch der Arbeitsstelle der Eltern oder auch der aktive Einbezug unterschiedlicher Kulturen. Bitten Sie beispielsweise Eltern, die aus Syrien stammen, an einem Vormittag mit der Gruppe zu backen, oder lassen Sie sich von

Friedensberufe kennenlernen

In der Elternschaft gibt es eine Pfarrerin, einen Altenpfleger oder jemanden, der ehrenamtlich bei der Tafel arbeitet oder in einem Kulturverein? Fragen Sie an, ob ein Besuch der Arbeitsstelle möglich ist, sprechen Sie mit den Kindern über das Berufsbild und nehmen Sie Bezug auf die Themen Frieden, Toleranz und füreinander da sein.

ukrainischen Eltern ein Lied beibringen. Um die Aktion herum können Sie thematisch einige altersgerecht aufbereitete Informationen zu der jeweiligen Kultur bieten.

5.2 Themenelternabend zum Frieden

Um den Eltern einen intensiven Einblick in die pädagogische Arbeit geben zu können oder Ergebnisse aus einem Projekt zu präsentieren, bietet sich ein Themenelternabend an. Dieser kann zum einen zu Beginn eines Projektes anberaumt werden, um den Familien die Wichtigkeit des Themas und das Vorhaben zu beschreiben. Zum anderen ist es aber auch möglich, diesen im Nachgang anzubieten, um die Erlebnisse und gemeinsamen Aktivitäten für die Eltern anschaulich darzustellen.

Ein gelungener Elternabend beginnt mit einer ansprechenden **Einladung**. Formulieren Sie diese persönlich und so aussagekräftig, dass die Eltern wissen, worum es gehen wird, warum dieses Thema aktuell von Bedeutung ist und wie lange der Elternabend dauern soll. Geben Sie den Familien dabei zwei bis drei Termine zur Auswahl und wählen Sie dann den Termin, der die meisten Stimmen bekommen hat. Dies kann klassisch erfolgen über einen Aushang, über die persönliche Ansprache beim Abholen oder – nach persönlicher Ankündigung – mithilfe einer digitalen Umfrage.

Die Ausstellung der Werke gibt Eltern einen Einblick in die Projektzeit

Bei der **Durchführung** eines thematischen Elternabends geht es vor allem darum, die Eltern in das aktuelle Thema einzubeziehen und für das zu begeistern, womit sich ihre Kinder täglich beschäftigen. Gleichzeitig erhalten die Eltern einen Einblick in die geplanten oder bereits durchgeführten Angebote und in die persönliche Handschrift des Kita-Teams. „Aufgabe der Einrichtung ist es, ein innovatives Konzept der Elternabende zu entwickeln, das der Individualität der Einrichtung, dem Stil der Erzieherinnen und der besonderen Situation der Eltern gerecht wird. Somit müssen Einrichtungen mutig neue Formen und Methoden erproben" (Bernitzke/Schlegel 2004, S. 165). Seien Sie also mutig und überraschen Sie Ihre Elternschaft! Nutzen Sie Methoden, die die Eltern ansprechen und Aktivität ermöglichen (siehe Buchtipp S. 48). Heißen Sie in der **Ankommensphase** die Eltern beispielsweise in verschiedenen Sprachen willkommen, um eine Verbindung zum Thema Frieden herzustellen und die Offenheit der Kita gegenüber allen Menschen zu zeigen. Wenn Sie sich entscheiden, den Elternabend in Kreisform durchzuführen, gestalten Sie die Kreismitte mit verschiede-

Buchtipp
Margit Franz (2018): **55 Methoden für erfolgreiche Teamsitzungen und Elternabende in der Kita.** München: Don Bosco

Die Präsentation von Kinderbüchern hilft miteinander ins Gespräch zu kommen

nen Materialien aus Ihrem Projekt oder mit aktuell genutzter Kinderliteratur. Ebenso können Sie für jeden angemeldeten Elternteil ein Namensschild in die Mitte legen. Damit bekommen Sie erstens einen Überblick, wer alles da ist, zweitens fühlen sich die Eltern so direkt willkommen.

Bilder zuordnen

Für die Ankommensphase können Sie auf den Stühlen oder Tischen gemalte Bilder der Kinder oder Zitate (ohne Namen) auslegen und die Eltern bitten das Werk ihrer Kinder zu finden. So kommen sie in Aktivität und im besten Fall in einen gemeinsamen Austausch. Nun können Sie eine Gesprächsrunde anregen, indem Sie fragen, warum die Eltern sich für das jeweilige Werk entschieden haben. Sie werden auf jeden Fall fröhliche und überraschte Mütter und Väter erleben.

Nutzen Sie für den **Themeneinstieg** eine Methode, die Sie auch mit den Kindern ausprobiert haben: Befragen Sie die Eltern beispielsweise, was sie unter dem Begriff Frieden verstehen, und notieren Sie die Antworten sichtbar für alle. Alternativ kann man sie etwas kreativ gestalten lassen oder Postkarten zum Thema auslegen und darüber miteinander ins Gespräch kommen.
Im **Hauptteil** des Elternabends sollten die Inhalte des Projektes visualisiert werden. Dies kann über Fotos oder kurze Videosequenzen gelingen oder über die Darstellung genutzter Materialien und kurze Erklärungen. Geben Sie den Eltern hier unbedingt die Möglichkeit, Verschiedenes selbst auszuprobieren.
Wenn das Projekt bereits durchgeführt wurde, kann der **Abschluss** darin bestehen, ein Fazit zu ziehen. Schildern Sie, wie Sie die Kinder während des Projekts erlebt haben, und beschreiben Sie dabei auch (anonymisiert) konkrete Beobachtungen. An dieser Stelle können Fachkräfte darauf eingehen, was sie aus dem erlebten Projekt für die zukünftige Arbeit mit der Gruppe mitnehmen. Findet der Elternabend vor dem Projekt statt, kann zum Abschluss auf Möglichkeiten der aktiven Elternarbeit eingegangen werden. Schildern Sie Beispiele, wie die Eltern sich inhaltlich einbringen können, oder erfragen Sie konkrete Ressourcen. Geben Sie auch einen Ausblick darauf, wie die Kita den Verlauf des Projektes transparent machen wird.

5.3 Eltern bei der Friedenserziehung zu Hause unterstützen

Eine Bildungs- und Erziehungspartnerschaft beinhaltet, dass Akteure und Akteurinnen anerkennen, dass sowohl die Kita als auch die Familie einen bedeutenden Beitrag zur Friedenserziehung leistet. Fachkräfte sollten Eltern darum zum Beispiel im Rahmen eines Themenelternabends anregen, Frieden auch zu einem Grundsatz zu Hause zu machen. Natürlich darf und soll das Team hierfür konkrete Tipps geben, jedoch auf Augenhöhe und mit viel Toleranz füreinander. Denn diese gehört immer zur Friedenserziehung.
Grundlage für **Toleranz** gegenüber anderen ist die Wertschätzung und der Respekt vor sich selbst – als Teil der sozialen Gruppen, denen man angehört: Geschlecht, Alter, Familie, Beruf, Wohnort, Land usw. Die eigene Herkunft zu kennen und wertzuschätzen, sich über Aspekte seiner Kultur und seiner (Familien-)Geschichte zu informieren und seine eigene Herkunft und Weltanschauung zu ergründen, hilft dabei, auch andere Menschen und Gruppen mit ihrer individuellen Geschichte und Persönlichkeit

Praxistipps für mehr Toleranz

- Eltern können durch den Besuch von Sportveranstaltungen für Menschen mit Behinderung (z. B. Rollstuhlbasketball, Blindenfußball) dafür sorgen, dass die Kinder ganz unterschiedliche Menschen kennenlernen.
- Ermutigen Sie Familien zu Kontakten mit Familien anderer Herkunft, Kulturen, Religionen usw. Sprechen Sie über die Gemeinsamkeiten und Unterschiede.
- Der Reichtum von Vielfalt zeigt sich in den verschiedenen Kulturen und Bräuchen. Sie lässt sich in der Gastronomie, auf Stadtteilfesten, beim Moscheebesuch, im Theater usw. erleben.
- Regen Sie Eltern an, mit ihren Kindern über Stereotype, Vorurteile und soziale Ungerechtigkeit zu sprechen, unter denen Menschen leiden, die bestimmten Gruppen angehören.
- Eltern sind Vorbilder. Machen Bezugspersonen darauf aufmerksam, wenn in Zeichentrickserien, Filmen oder Büchern Vorurteile weitergegeben werden, lernen auch Kinder ein reflektiertes Verhältnis zu Medien.
- Lesen bildet! Lesen Eltern ihren Kindern beliebte Geschichten aus anderen Kulturen vor und besprechen sie diese, fördern sie die Neugier auf Menschen, die anders sind. Empfehlen oder leihen Sie Eltern Bücher, die Werte wie Toleranz, Nachsicht, Respekt vermitteln (siehe S. 90).

zu tolerieren und respektieren. Leben Eltern ihre Identität selbstbewusst und wertschätzend vor, machen sie ihre Kinder stark, um sich beispielsweise gegen Hänseleien zu wehren und für sich einzustehen. Sie bieten ihnen wichtige Ressourcen, damit ihre emotionale Stabilität nicht beeinträchtigt wird. Eine starke persönliche Identität ist somit die Grundlage für ein Selbstwertgefühl, das dem Kind hilft, sich gegen diskriminierende Handlungen zur Wehr zu setzen und sich für Frieden einzusetzen.
Was können Eltern tun, um **Solidarität** zu fördern? Auch diesen Wert können Eltern am besten vermitteln, wenn sie ihn vorleben. Durch ihr tägliches Handeln zeigen sie, dass sie zwischenmenschliche Beziehungen achten. Das beginnt bereits beim Umgang in der Familie. So lernen Kinder etwa Solidarität, indem sie zu Hause Verantwortung übernehmen. Welche Aufgaben können sie – je nach Alter mit Unterstützung der Eltern – übernehmen (Tisch decken, Spielzeug aufräumen, Blumen gießen)? Auch der

Praxistipps für mehr Solidarität

- Regen Sie Eltern an, Solidarität mit ihrem direkten Umfeld in den Alltag zu integrieren (Rücksicht auf Tiere und Pflanzen nehmen, keinen Müll in der Natur zurücklassen, Menschen freundlich begegnen).
- Umweltschutz kann auch Spaß machen. Schlagen Sie den Eltern vor, mit ihren Kindern zu Hause auf Energiesparsuche zu gehen, einen achtsamen Waldspaziergang zu machen, einen Flohmarkt zu organisieren oder eine Bienenwiese anzulegen.
- Legen Sie in der Kita eine Leihbibliothek oder ein Tauschregal an, wo Eltern unter anderem Geschichten über Solidarität tauschen bzw. leihen können.
- Schlagen Sie den Eltern vor, das Kind zu einer Einrichtung zu begleiten, die Bedürftigen hilft, oder ein Altenheim zu besuchen, um Essen zu bringen, beim Tischdecken zu helfen usw.
- Regen Sie Eltern an, gemeinsam mit ihrem Kind ein Spielzeug an andere zu verschenken, die sich keines oder nur wenig Spielzeug leisten können.

Austausch mit den Kindern nimmt eine wichtige Rolle ein. Zeigt ein Kind in einer Situation wenig Solidarität, können Eltern altersgerecht und feinfühlig fragen: „Wenn dir das passieren würde, würdest du dann auch so behandelt werden wollen? Wie fühlst du dich, wenn man das mit dir macht?"

6. Frieden im Alltag leben – Friedenserziehung in der Kita-Praxis

Die Fachkraft ist nicht nur Vorbild in ihrem Handeln, ihrer Kommunikation und ihrer Haltung, sondern strukturiert auch den Tagesablauf der Kinder und sorgt für möglichst gute, altersentsprechende Rahmenbedingungen in der Gruppe bzw. der Einrichtung. Denn nur in einer positiven Umgebung, in der sich das Kind wohlfühlt, kann es explorieren und zeigt sich offen für Lernerfahrungen.

6.1 Freispiel und Bildungsangebote

Die meisten Kindertagesstätten erarbeiten – im besten Fall gemeinsam mit den Kindern – **Gruppenregeln** für das tägliche Miteinander in der Einrichtung. Die Visualisierung und Umsetzung dieser Regeln kann auf verschiedene Arten erfolgen. Häufig hängen etwa Plakate im Gruppenraum oder Flur, auf denen, angelehnt an Verkehrsschilder, verschiedene Verhaltensweisen in durchgestrichenen roten Kreisen abgebildet sind. Damit wird den Kindern signalisiert, was sie in der Kita *nicht* tun dürfen. Gleichzeitig – und das wird bei dieser Form der Regeldarstellung nicht bedacht – sind den Kindern so aber die nicht erwünschten Verhaltensweisen täglich präsent, wodurch sie unter Umständen dazu verlockt werden, sich gerade so zu verhalten. Deutlich zielführender und ressourcenorientierter ist die Herangehensweise, den Kindern zu visualisieren, welches Verhalten erwünscht ist. Statt etwa zu zeigen „wir schlagen uns nicht", könnten die Fachkräfte auf dem Plakat ein freundliches Miteinander darstellen, das deutlich macht: „Wir sind füreinander da und helfen uns gegenseitig!" Damit werden die Kinder nicht nur positiv bestärkt, sondern erleben ein Wirgefühl.

Zum Alltag der Friedenserziehung gehören gezielte Bildungsmomente, die verschiedene Sinne ansprechen, um die ganzheitliche Wahrnehmung anzuregen und Lernen zu ermöglichen. Der **Morgenkreis** eignet sich wunderbar dafür, mit den Kindern zu verschiedenen Themen ins Gespräch zu kommen. Sollte in der Gruppe bzw. in der Einrichtung etwa das Thema Frieden als Projektthema entstehen, kann man den Morgenkreis sehr gut zum Einstieg in den jeweiligen Projekttag nutzen. Doch auch unabhängig von einem geplanten Friedensprojekt dient der Morgenkreis der Stärkung eines friedlichen Miteinanders und fördert verschiedenste Kompetenzen bei den Kindern:

- *Ich rede und die anderen hören mir zu!* – Dieser Grundsatz im Morgenkreis zeigt dem Kind, dass sich jeder und jede äußern kann und gehört wird. Jede Meinung ist wichtig und wertvoll, jedes Kind kann sich einbringen in seinem Tempo und mit seinen Themen.
- *Ich werde nach meiner Meinung oder meinen Erlebnissen gefragt!* – Auch sehr schüchterne oder introvertierte Kinder haben die Chance, zu Wort zu kommen und sich zu äußern. Anfänglich vielleicht noch zurückhaltend, aber mit etwas Fingerspitzengefühl und behutsamer Motivation durch die Fachkraft bietet sich hier eine tolle Möglichkeit, die Kinder zu bestärken.
- *Ich erfahre Neues, kann nachfragen und mir Themen wünschen!* – Im Morgenkreis kommen Fachkräfte mit den Kindern in den Dialog, z. B. während einer Buchbetrachtung. Durch gezieltes Fragenstellen finden sie die Themen heraus, die die Kinder interessieren oder beschäftigen, und können daran anknüpfen.

Ein Redestein zeigt, wer gerade an der Reihe ist zu sprechen

Zeitwächter unterstützen Kinder dabei, zuzuhören und Geduld zu lernen

Raum und Zeit bekommen, um sich auszutauschen, etwas auszuhandeln und verschiedene Meinungen auszuhalten

Während der **Freispielzeit** hat die pädagogische Fachkraft die Chance, die Kinder in ihrem Tun zu beobachten. Dadurch kann sie zum einen deren Interessen und aktuelle Bedürfnisse herausfinden, zum anderen aber auch das Miteinander der Gruppe analysieren. Reflexionsfragen (siehe Kasten) in der Beobachtungsphase während des Freispiels ermöglichen den Fachkräften herauszufinden, an welchen Themen sie ansetzen können bzw. welche Angebote die Kinder auf dem Weg zu einem friedlichen Umgang in der Gruppe unterstützen.

Auch im Bereich der **Literacy-Erziehung** steckt viel Potenzial zur Stärkung eines friedlichen Miteinanders und zur Vermeidung von Vorurteilen oder Stereotypen. Neben dem klassischen Vorlesen themenspezifischer und altersgerechter Kinderbücher können pädagogische Fachkräfte im dialogischen Lesen mit den Kindern ins Gespräch kommen. Indem sie gezielt Fragen zur Geschichte oder den Bildern stellen und damit Gesprächsanlässe initiieren, regen sie einen bewussten Umgang miteinander sowie mit bestimmten Themen an. Dabei können sie die Fragen und Interessen der Kinder feinfühlig aufgreifen. Auch folgende Methoden tragen zur Friedenserziehung bei:

- Geschichten zum Anfassen lassen sich im Team oder gemeinsam mit den Kindern in Form von Lesekisten, Erzählsäckchen oder Erzählketten herstellen. Hierfür benötigt man lediglich passendes Material, das die Geschichte während des Erzählens visualisiert. Dadurch haben die Kinder etwas in der Hand und können selbst aktiv werden.
- Erzähltheater wie Kamishibai und ähnliche Methoden verstärken das Gemeinschaftserlebnis. Sie hinterlassen bei den Kindern andere Eindrücke als das reine Vorlesen eines Buches, da die Bilder in der Regel größer und detaillierter dargestellt sind und so zum Dialog anregen.
- Gezielte Fragen zu Wimmelbüchern animieren zum Sprechen, das gemeinsame Suchen schafft Konzentration und motiviert. Da viele Wimmelbilder Situationen zeigen, die die Kinder aus ihrem Alltag kennen, bieten sie Fachkräften außerdem Orientierung, um an die Themen und Lebenswelt der Kinder anzuknüpfen.

Reflexionsfragen zum Spiel in der Gruppe

- Wie kommunizieren die Kinder miteinander?
- Wie werden Konflikte gelöst?
- Kann ich feste Freundschaften erkennen?
- Welche Spielzeuge werden häufig benutzt, welche weniger?
- Kennen die Kinder die Gruppenregeln und setzen sie diese um?
- Achten die Kinder gegenseitig darauf, dass die Gruppenregeln eingehalten werden, oder wird unmittelbar eine Fachkraft zur Unterstützung geholt?
- Warte ich ab, bis die Kinder mich gezielt um Hilfe bitten? Motiviere ich zur selbstständigen Lösungsfindung oder gebe ich die Lösung direkt vor?

- Traumreisen (z. B. vor dem Mittagsschlaf) unterstützen die Fantasie und können entspannend wirken.
- Wird ein Theaterstück aufgeführt, das auf einer gemeinsam erarbeiteten Friedensgeschichte beruht (als Grundlage kann z. B. eine Streit- oder Konfliktsituation aus der Kita dienen), lernen Kinder nicht nur die Bedeutung von Frieden. Sie gewinnen auch an Selbstbewusstsein und üben Empathie ein.

Konkrete Gegenstände machen die Geschichte greifbarer

„Was siehst du? Wie fühlt sich das Kind auf dem Bild? Hast du schon einmal Ähnliches erlebt?“

Auch kreative **Gestaltungsideen** können beim Thema Frieden leicht zum Einsatz kommen. Verschiedene Materialien stellen nicht nur sicher, dass die Kinder eine Menge Spaß haben, sondern zeigen die positive Vielfalt unserer Welt. Bei allen Angeboten sollte die Bedeutung der Symbolik mit den Kindern, beispielsweise im Morgenkreis, besprochen werden.

Friedenssymbole basteln

- Basteln oder Falten einer Friedenstaube nach Vorlage
- gemeinsames Herstellen eines Gruppenbildes mit Hand- oder Fußabdrücken aller Kinder
- aus Wollfäden, Pappe, Knete, Papierschnipseln oder Fingerfarben einen großen Regenbogen gestalten
- Friedensausstellung mit selbst angemalten Steinen
- gemeinsam auf dem Freigelände als Peace-Zeichen aufstellen und von oben (z. B. aus der oberen Etage oder mit einer Drohne) fotografieren
- Kita-Fenster oder bunte Pappteller mit individuellen Peace-Zeichen verschönern
- Gestaltung eigener Bilder auf Grundlage einer erzählten Friedensgeschichte

6.2 Projektarbeit

Die Projektarbeit hat sich in den letzten Jahren in den Kitas als Methode etabliert, um sich mit den Kindern längerfristig und intensiv mit einem Thema zu beschäftigen. Sie bietet unendlich viele Möglichkeiten, sich einer Thematik zu nähern und diese gemeinsam mit den Mädchen und Jungen zu erforschen, zu entdecken und – wenn das Interesse weiterhin besteht – weiterführende Themen zu bearbeiten.
Im Idealfall wird das Projektthema von den Kindern selbst benannt. Hier bei gibt es verschiedene Möglichkeiten. Die pädagogische Fachkraft kann etwa durch gezieltes Nachfragen Themenwünsche der Kinder herauskitzeln. Dabei muss abgeschätzt werden, inwieweit die Gruppe dazu bereits in der Lage ist (siehe Kasten). Eine andere Möglichkeit besteht darin, Kinder in ihrem Tun zu beobachten und darauf aufbauend mehrere Themen vorzuschlagen, an denen sie im Alltag Interesse zeigen. Anschließend kann die Gruppe darüber abstimmen. Dies ist für viele Kindergruppen, vor allem

wenn die Projektarbeit noch neu ist, der leichtere Weg, um zu einem gemeinschaftlichen Thema zu finden. Bei der demokratischen Abstimmung können auch jüngere Kinder schon eingebunden werden. Stehen beispielsweise drei Themen zur Wahl, können Fachkräfte diese visualisieren, sodass die Gruppe anhand des Bildes eine Idee davon bekommt. Anschließend erhält jedes Kind drei (oder fünf) kleine Steine. Es kann nun alle Steine zu einem Thema legen oder nach Interesse verteilen. Zum Schluss wird das Ergebnis gemeinsam ausgewertet.

Reflexionsfragen zur Themenfindung

Bestehen Vorerfahrungen in der Projektarbeit?
Kinder, die bereits Projekte in der Kita erlebt haben, kennen den groben Ablauf. Sie haben eine Vorstellung davon, was gemeint ist, wenn sie nach Themen für neue Projekte gefragt werden.

Wie ist die Altersstruktur meiner Gruppe?
Einer altershomogenen Gruppe aus Kindern, die gerade aus der Krippe in den Kindergarten gewechselt haben, fällt es vermutlich schwer, ohne Vorschläge oder Anschauungsmaterial Themenwünsche zu äußern. Eine Vorschul- oder altersgemischte Gruppe kann eher selbst Impulse einbringen.

Wie lange besteht die Gruppe schon in dieser Konstellation?
Man kann davon ausgehen, dass Kindergruppen, die bereits länger in dieser Zusammensetzung bestehen, gefestigt sind. Die Kinder fühlen sich wohl, vertrauen einander und können leichter offen voreinander sprechen als eine Gruppe, die gerade neu zusammengesetzt wurde und sich in ihrem Miteinander erst noch finden muss.

Schlägt die Fachkraft aufgrund der Jahreszeit, aktueller Ereignisse oder der Konzeption der Einrichtung ein Thema vor, sollte sie immer darauf achten, die Lebenswelt der Kinder einzubeziehen. „Geht die Initiative zu einem Projekt von den Erzieher/innen aus, so sollten sie die Relevanz für die Erziehung und Bildung der Kinder schon geklärt haben, bevor sie das Thema der Gruppe vorschlagen. In diesem Fall können sie das Projekt im Team auch schon grob planen, indem sie z. B. dessen Ziele und Inhalte besprechen" (Textor 2004). Es ist also prinzipiell unproblematisch, wenn ein Themenvorschlag von den Fachkräften ausgeht. Allerdings ist es hier umso wichtiger, zunächst „das Interesse der Kinder an der jeweiligen Thematik zu wecken und eine längerfristige Motivation zu bewirken. Das ist bei Kleinkindern relativ leicht, da sie von Natur aus neugierig sind und ihre Aufmerksamkeit leicht durch neuartige Situationen, Objekte, Bilder, Geschichten oder Ideen geweckt wird" (ebd.). An dieser Stelle sei auf die Bildungspläne der verschiedenen Bundesländer verwiesen, die alle das Thema Projektarbeit betrachten und beschreiben, in welcher Form diese umgesetzt werden kann.

Ablauf eines Projektes

Projektinitiative

1. Sich aus einer Situation ergebend
2. Spontane Idee von Kindern oder anderen Personen
3. Ausgearbeiteter Vorschlag der Erzieher:innen

Entscheidung der Gruppe über das Weiterverfolgen der Initiative

Projektskizze/-plan

Vorbereitung des Projekts

Durchführung des Projekts (mit Reflexionsphasen)

Präsentation der Ergebnisse

Auswertung des Projektes

Quelle: Textor, M.R., 2004

Zum Gelingen eines Projekts trägt nicht nur die Themenfindung bei, sondern auch eine strukturierte Vorbereitung und ein an die Gruppe angepasster Ablauf (siehe Kasten). Wie kann ein Projekt zum Thema Frieden Schritt für Schritt gestaltet werden? Die **Projektinitiative** geht in diesem Beispiel von den Fachkräften aus, die im Sinne der Bildung für Nachhaltige Entwicklung (BNE) die Kinder zu einem gewaltfreien und friedlichen Beisammensein anregen möchten. Dabei gibt es verschiedene Möglichkeiten, mit den Kindern in das Thema einzutauchen:

- Buchbetrachtung bzw. Vorlesen im Morgenkreis: Die Fachkräfte kommen über ein passendes Kinderbuch (siehe S. 90) mit den Kindern ins Gespräch und finden heraus, inwieweit die Thematik auf Interesse stößt oder welche Fragen die Gruppe dazu beschäftigt.
- Kinderlied: Ein Einstieg über ein Lied wie „Im Land der Blaukarierten" (Klaus W. Hoffmann) oder „Kleine weiße Friedenstaube" (Erika Schirmer) bietet ebenso Gesprächsanlässe.

Anschließend können die Kinder gefragt werden, was sie mit „Frieden" verbinden. Mit älteren Kindern, wie einer Vorschulgruppe, kann man auch direkt über einen Gesprächskreis in die Thematik einsteigen und gemeinsam Ideen sammeln, wie man sich mit „Frieden" beschäftigen könnte. Im Gespräch zeigt sich die Vorstellung der Kinder über diesen recht abstrakten Begriff, und die Fachkraft erhält die Möglichkeit an dem, was die Kinder äußern, anzusetzen oder gezielt nachzufragen.

Kindermund zum Frieden

Magdalena (5 Jahre): *„Frieden ist, wenn man auch an die denkt, die schon gestorben sind."*

Merit (6 Jahre): *„Frieden bedeutet Freundschaft. Dass man sich nicht streitet und dass man nicht gemein zueinander ist."*

Tia (6 Jahre) erklärt, sie habe mal eine Geschichte gehört von einem Frosch und einer Maus, die um eine Blume kämpfen. *„Man braucht doch aber nicht zu kämpfen"*, sagt sie, *„man fragt einfach: ‚Wo hast du die Blume her?', und dann kann man sich ja selbst eine pflücken."*

Tia (6 Jahre): *„Frieden ist, wenn kein Krieg ist, wie in der Ukraine gerade."*

In den Kinderzitaten wird die Vielfalt der Themen deutlich, die sich für sie an den Begriff Frieden anknüpfen. So denkt ein Kind vielleicht an einen verstorbenen Menschen, einem anderen kommt Freundschaft in den Sinn und das dritte hat bereits ein konkretes Buch vor Augen, das ihm vorgelesen wurde (siehe Kindermund zum Frieden). Hier wird das Prinzip der Lebensweltorientierung ganz deutlich. Nur über die Themen der Kinder und deren aktuelle Lebenssituation sowie deren Erfahrungen kann man sich komplexeren Themen annähern. Ebenso profitiert hier die ganze Gruppe voneinander, da alle ihre unterschiedlichen Sichtweisen miteinander teilen und jedes Kind daraus neue Erkenntnisse und Erfahrungen mitnimmt.
Trifft die Gruppe nach dem Einstieg die **Entscheidung**, das Thema als Projekt fortzuführen, kann man nun gemeinsam Ideen zur Umsetzung sammeln. Alle Vorschläge der Kinder werden aufgeschrieben. Ebenso schlägt die Fachkraft den Kindern Aktivitäten passend zur Thematik vor und beobachtet die Reaktionen bzw. notiert die Antworten der Kinder. Darauf aufbauend kann ein konkreter **Plan vorbereitet** werden. Je nach Altersstruktur und Interesse werden die Kinder einbezogen. Spätestens jetzt ist der Moment gekommen, in dem das Kita-Team die Eltern informieren muss. Mindestens das Projektthema und ein geplanter Zeitraum wird den Eltern über einen Aushang, einen Brief oder in digitaler Form mitgeteilt. Das schafft auf der einen Seite Transparenz und gibt den Familien einen Einblick in den Alltag ihres Kindes, auf der anderen Seite birgt das Infoschreiben das Potenzial, dass Eltern eigene Ressourcen zur Thematik entdecken und sich aktiv einbringen.
Am Ende des Projektes sollten die **Ergebnisse** für die Kinder, die Eltern und ggf. andere Gruppen aufbereitet und präsentiert werden. Das hat den Vorteil, dass den Kindern bewusst wird, was sie Neues gelernt haben, welche Fragen aufgetaucht sind und beantwortet wurden und welche Aktivitäten sie gemeinsam erlebt haben. Je nach Länge des Projektes kann man die Eltern nur über die Ergebnisse informieren oder auch einen Elternnachmittag bzw. Elternabend – mit oder ohne Kinder – gestalten und so die Inhalte des Projektes zugänglich machen (siehe Kapitel 5.2). Je nach Umfang des Projektes kann eine kleine (teil-)öffentliche Ausstellung, ein Kita-Fest oder auch ein Brief an das Rathaus oder die Presse dazu beitragen, Öffentlichkeit für das Thema Frieden zu gewinnen. Dabei können die Kinder stolz ihre Ergebnisse präsentieren.
Im Zuge der Ergebnissicherung sollten Fachkräfte auch nicht auf die **Auswertung** des Projekts mit den Kindern bzw. Familien verzichten, denn davon profitieren zu-

künftige Projekte. Zusätzlich kann der Projektablauf noch einmal im (Klein-)Team reflektiert werden.

6.3 Achtsamkeitsübungen

Ob Kinderyoga, ein Body Scan, Atemübungen oder Fantasiereisen: Kleine Achtsamkeitsspiele und Meditationen können leicht in der Kita umgesetzt werden – drinnen und draußen. Nehmen sich Fachkräfte für sie bewusst Zeit, ermöglichen sie Kindern, sich selbst besser wahrzunehmen, und stärken ihr Selbstwertgefühl. Durch diesen inneren Frieden können sie für andere Mitgefühl entwickeln und auch im Außen Frieden stiften (siehe Kapitel 1.3). Besonders bei Achtsamkeitsübungen in der Natur erleben Kinder, Teil von etwas Größerem zu sein. So wird ein friedliches Miteinander – mit Menschen, Tieren und Pflanzen – unterstützt.

Steinmeditation

Ziele: Wahrnehmung mit allen Sinnen und Achtsamkeit schulen

Kinder lieben Steine und sammeln sie gerne. Suchen Sie mit ihnen einen Ort auf, an dem sie möglichst vielfältige sammeln können. Kommen Sie dann mit den Mädchen und Jungen in einem Sitzkreis zusammen. Jedes Kind nimmt sich Zeit, seinen Stein gründlich zu untersuchen. Dabei helfen verschiedene Leitfragen: Wie sieht der Stein aus (Form, Oberfläche)? Welche Farbe hat er? Wie fühlt er sich an? Wie schwer ist er, wie liegt er in der Hand? Ist er warm oder kalt? Wie riecht er? Welche Geräusche kann ich damit machen?
Lassen Sie den Kindern Zeit für ihre Untersuchungen. Anschließend können Sie in einer Fantasiereise erzählen, was die Steine bereits alles erlebt haben. Dafür legen sich die Kinder hin und schließen die Augen.

Mandalas legen

Ziele: Feinmotorik verbessern, Geduld ausprägen

Sammeln Sie mit den Kindern auf einem Spaziergang oder im Garten Naturmaterialien. Achten Sie jedoch darauf, dass die Kinder möglichst wenig Lebendiges zerstören. Sie sollen nur Dinge sammeln, die sie am Boden finden, oder in kleinen Mengen Blätter und Gras. Versammeln Sie sich im Kreis und legen Sie, beispielsweise aus Blättern,

eine runde Form in die Mitte. Anschließend können die Kinder ihre Naturmaterialien nach und nach kreisförmig darum herum anordnen.
Diese Übung lässt sich auch gut mit der Steinmeditation verbinden, indem die Kinder sich nach der Meditation von den Steinen verabschieden und mit ihnen den inneren Kreis des Mandalas legen.

Fantasiereisen

Ziele: Ruhe und Entspannung, Vorstellungskraft ausprägen

Für Fantasiereisen braucht es einen ruhigen Ort (drinnen oder draußen), an dem die Kinder sich gemütlich hinlegen können. Die Kinder lauschen mit geschlossenen Augen. Erzählen Sie dann eine selbst ausgedachte Geschichte oder lesen Sie eine fertige Achtsamkeitsgeschichte vor. Idealerweise hat der Text einen Bezug zur Natur, zum Beispiel verwandeln sich die Kinder in Tiere und erleben Abenteuer in Wald, Feld, Wasser oder Wiese.
Achten Sie darauf, dass die Reise auch einen Abschluss hat. Wenn die Geschichte vorüber ist, lassen Sie den Kindern Zeit, wieder zu sich zu kommen. Sie können sie etwa auffordern sich zu recken und zu strecken und tief ein- und auszuatmen.

Sinne schärfen

Ziele: Ruhe und Entspannung, Wahrnehmung mit allen Sinnen

Suchen Sie einen ruhigen Ort im Freien, wo die Kinder sich mit geschlossenen Augen auf ihren Atem konzentrieren können. Anschließend können Sie sie bitten, sich zu setzen und mit geschlossenen Augen in die Umgebung zu lauschen. Was hören die Kinder? Den Wind, die Vögel, Blätterrascheln, den eigenen Herzschlag? Sie können auch barfuß langsam über Waldboden oder eine Wiese gehen und wahrnehmen, wie sich der Boden unter den Füßen anfühlt.

Freundlichkeitsglas

Ziele: Gemeinschaftsgefühl stärken, Achtsamkeit einüben

Das Freundlichkeitsglas als ein Beitrag zur Friedenskultur im Kindergarten ist eine Idee aus den USA. Dort hinein können Kinder Papierzettel werfen, wenn sie einen Akt der Freundlichkeit beobachtet haben. Zunächst werfen die Kinder wahrscheinlich nur ein Bild der jeweiligen Situation oder (mithilfe der Fachkraft) eine Notiz ein, wenn jemand freundlich zu ihnen war. Später aber werden sie auch etwas ins Glas werfen, wenn sie eine freundliche Geste zwischen anderen beobachten. Auch die pädagogische Fachkraft kann das Freundlichkeitsglas füllen, indem sie die positiven Gesten zwischen den Kindern im Alltag notiert.
Zu einem späteren Zeitpunkt, etwa am Ende des Monats, können diese Beobachtungen in der Gruppe vorgelesen werden. Dies führt insgesamt zu einer wertschätzenden Atmosphäre, in der die Kinder auch wichtige Fähigkeiten zur friedlichen Lösung kritischer Situationen und Konflikte erwerben können.

Buchtipp

Regina Bestle-Körfer (2014): **Das Kindergarten-Entspannungsbuch.** Freiburg: Herder

7. Frieden zum Programm machen – das Friedensprojekt PEEC

Das Erasmus+-Projekt „Peace Education in Early Childhood to prevent bullying" (PEEC; übersetzt: „Friedenserziehung in der frühen Kindheit zur Prävention von Mobbing") bietet Materialien für friedensstiftende Aktivitäten in der frühkindlichen Bildung in Krippe, Kita und Hort. Es wurde 2019 bis 2021 von der Johanniter-Akademie Mitteldeutschland gemeinsam mit der Weltvereinigung der frühkindlichen Erzieher (AMEI-WAECE) und anderen Experten und Expertinnen aus der EU durchgeführt.
Die im Programm entwickelten Lehrmaterialien konzentrieren sich auf 26 Schlüsselwerte, die mit innerem Frieden, Respekt und Gewaltlosigkeit verbunden sind. Sie lassen sich in drei Hauptkategorien einordnen (siehe Grafik):

- **Selbstwert** – mich selbst als individuelles Wesen verstehen und kennenlernen
- **Ich und andere** – Gruppendynamik und Vielfalt verstehen
- **Konfliktlösung** – Gewaltprävention und friedliche Konfliktlösung

Linktipp
Informationen zu den zur Verfügung stehenden Materialien des Programms PEEC erhalten Sie unter:
www.peec-online.eu

Die Materialien vermitteln die Werte auf eine nicht-formale, spielerische Art und Weise und fördern gleichzeitig die Kreativität und das kritische Denkvermögen der Kinder. Dabei stellen sie verschiedene Methoden des aktiven Lernens vor. Weitere Projektergebnisse sind ein Curriculum, ein Leitfaden und ein Weiterbildungskurskonzept, um die Einführung von Friedenserziehung in der frühkindlichen Bildung zu unterstützen (siehe Linktipp).

Selbstwert

- Selbstwertgefühl
- Selbstkontrolle
- Verantwortung
- Geduld
- Unabhängigkeit
- Selbstfürsorge
- Freiheit
- Ehrlichkeit
- Kreativität

Ich und andere

- Vielfalt
- Andere verstehen
- Gegenseitiges Vertrauen
- Naturverbundenheit
- Gerechtigkeit
- Großzügigkeit
- Freundschaft
- Mitgefühl
- Solidarität

Konfliktlösung

- Toleranz
- Sicherheit
- Respekt
- Gleichstellung der Geschlechter
- Dialog
- Kulturelle Vielfalt
- Mut und Tapferkeit
- Empathie

7.1 Aktives Lernen als zentrale Methode

Um Friedenserziehung zu implementieren, bedarf es in erster Linie Erfahrungslernen (auch „aktives Lernen" genannt), da sich eine emotionale Beteiligung eher im Gehirn festschreibt. Aktives Lernen ist eine Methode, um Kinder als gleichberechtigte Beteiligte in den Lernprozess einzubeziehen. Der kindzentrierte Ansatz bezieht Mädchen und Jungen in sinnvolle Aktivitäten ein, die ihr Lernen unterstützen. Damit steht diese Methode im Gegensatz zum traditionellen, angeleiteten Ansatz, bei dem die pädagogische Fachkraft als „Expertin" Wissen vermittelt, Aufgaben stellt und über den gesamten Lernprozess entscheidet, ohne dass die Lernenden einen wesentlichen Beitrag dazu leisten.

In der aktiven Lernumgebung nimmt der oder die Lehrende eine moderierende Rolle ein. Die Fachkraft ermutigt die Kinder dazu, sich zu beteiligen und ihre Ansichten und Meinungen mitzuteilen. Sie unterstützt sie dabei, Verantwortung für ihr eigenes Lernen zu übernehmen. Aktives Lernen hat den Anspruch, „kindzentriert, kollaborativ, partizipativ und selbstreflektierend" (Waniek/Nae 2017, S. 83) zu sein, und motiviert Kinder, „Dinge zu tun und über die Dinge nachzudenken, die sie tun" (Bonwell/Eison 1991).

Im aktiven Lernen

- werden die Kinder in mehr involviert als in bloßes Zuhören; sie sind mit Aktivitäten direkt an der Gestaltung des Alltags beteiligt
- wird weniger Wert auf die Vermittlung von Informationen und mehr auf die Entwicklung der Fähigkeiten der Kinder gelegt
- werden die Kinder – gemäß ihren Fähigkeiten – in höheres Denken einbezogen (Analyse, Zusammenfassung, Bewertung)
- wird großer Wert darauf gelegt, dass die Kinder sich mit ihren eigenen Einstellungen und Werten auseinandersetzen

Bereits in der Kita hat das aktive Lernen viele Vorteile: Es erhöht die Lernmotivation, verbessert das tiefere Verständnis des Themas bzw. der Werte, unterstützt die Fähigkeit zum kritischen Denken, fördert eine höhere Produktivität, generiert neue Ideen und kreative Lösungen usw. Schließlich ermöglicht es Kindern auch, mit anderen zu interagieren und Ansichten und Perspektiven auszutauschen, wodurch soziale Kompetenzen entwickelt werden und sie sich auf reale Lebenserfahrungen einlassen können. Durch den Einsatz aktiver Lernmethoden machen sie die ganz praktische Erfahrung, dass Beteiligung und Handeln wichtig sind.

7.2 Tipps zur Umsetzung und Methodenauswahl

Um das aktive Lernen in der Kita umzusetzen und das Interesse der Kinder am Lernprozess wachzuhalten, sollten Fachkräfte folgende drei Bereiche im Auge behalten:

- **Verbindung:** Das Ausgangsmaterial hat einen Bezug zur Realität, zu Erwartungen, Alltagssituationen, Werten und Vorstellungen der Kinder.
- **Herausforderung:** Die Aktivität stellt eine Herausforderung für die Kinder dar.
- **Kompetenz:** Die Herausforderung steht im Einklang mit der Kompetenz des einzelnen Kindes oder der Gruppe, die Aufgabe umzusetzen.

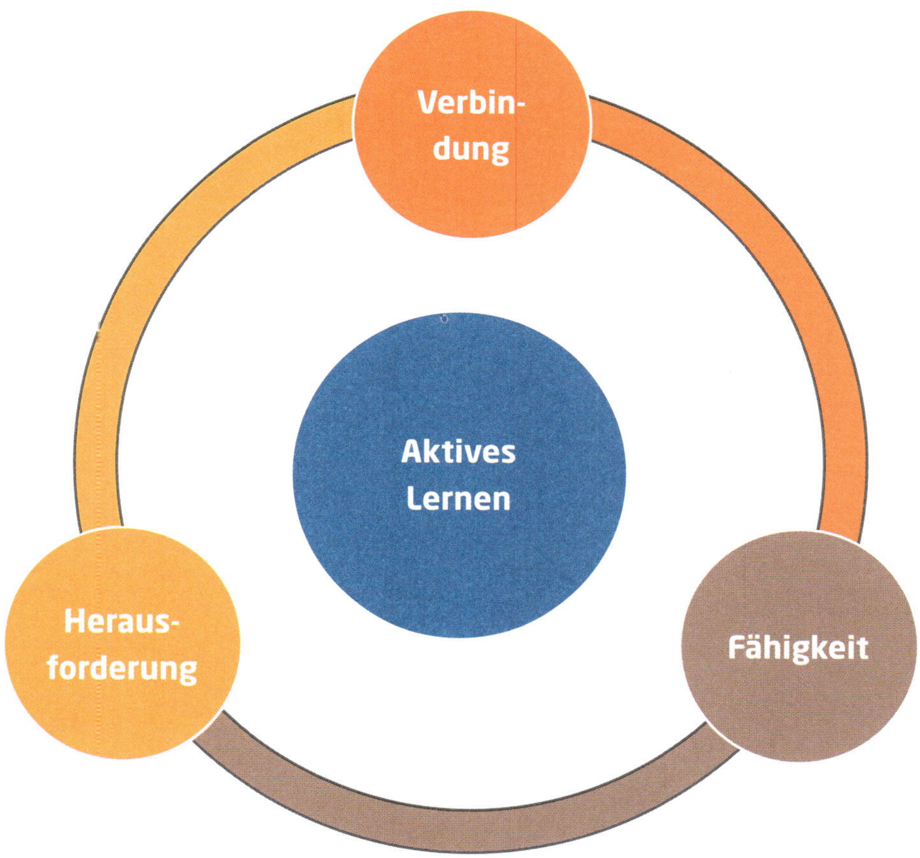

Für die Friedenserziehung empfehlen sich besonders Materialien, die mit konkreten Problemen und Situationen des täglichen Lebens, Alltagsgegenständen, ethischen Dilemmata und Werten zu tun haben. Dabei können Fachkräfte auf eine Vielfalt an Materialien und Medien zurückgreifen: Geschichten, Fotos, Comics, Bastelarbeiten, Videos etc.

Das Projekt PEEC verwendet in den Lehrmaterialien die Methoden: Dialog/Diskussion, Gruppenarbeit, Gesprächskreise, reflektierende Befragung und Aktivitäten zur Selbsterfahrung. Der PEEC-Leitfaden (vgl. Goldberg et al. 2021) regt jedoch dazu an, weitere Methoden zu erforschen, die das aktive Lernen fördern. Folgende empfehlen sich für die Friedenserziehung in der Kita:

Rollenspiele, Theaterstücke, Vorführungen

Rollenspiele eignen sich hervorragend für aktives Lernen. Kleine Theaterstücke, Spiele und Darstellungen, die auf Situationen aus dem wirklichen Leben beruhen, ermöglichen es den Kindern, diese zu durchdringen. Indem sie mit anderen auf eine gelenkte Weise interagieren, sammeln sie Erfahrungen und können verschiedene Strategien in einer unterstützten Umgebung ausprobieren.

Geschichten erzählen

Geschichten prägen sich besser ein als abstraktes Wissen. Sie bleiben eher in Erinnerung und unterstützen Kinder beim Lernen. So hat etwa „die Organisationspsychologin Peg Neuhauser herausgefunden, dass Lernen, das auf einer gut erzählten Geschichte beruht, besser und länger im Gedächtnis bleibt als Lernen aus Fakten und Zahlen" (Boris 2017). Außerdem fördern Geschichten Empathiefähigkeit, Sprachkompetenz, Konzentration und Fantasie.

Achtsamkeit & Meditation

Achtsamkeit kann Kindern helfen, Ablenkungen zu ignorieren und sich auf die anstehende Aufgabe zu konzentrieren. Das fördert nicht nur das Lernen, sondern hilft Kindern auch, ihre eigenen Gedanken und Gefühle zu beobachten und zu erkennen. Da Achtsamkeitsübungen und kurze Meditationen das Glücksempfinden und Akzeptanz unterstützen, eignen sie sich auch für Eltern und Fachkräfte, die das neu gewonnene Wohlbefinden an die junge Generation weitergeben können.

Experimentelles Lernen

Experimente ermöglichen Kindern, durch Erfahrungen zu lernen. Erfahrungslernen basiert auf vier Hauptelementen, die während der Lernerfahrung in einem kontinuierlichen Zyklus ablaufen: konkrete Erfahrung, reflektierende Beobachtung, Abstraktion der Erfahrung, aktives Ausprobieren.

Visual Thinking Strategies (VTS)

„Strategien bildlichen Denkens" ist eine Lehrmethode, die die Fähigkeiten zum kritischen Denken durch geleitete Diskussionen über Bilder verbessern möchte. VTS ermutigt dazu, an einem gemeinschaftlichen Problemlösungsprozess teilzunehmen, und nutzt Kunst, um Denken, Kommunikationsfähigkeit und Bildkompetenz zu vermitteln. Wichtig dabei ist, dass die Kinder ihre eigenen Beobachtungen und Ideen vor der Gruppe beitragen können, ohne von jemandem bewertet zu werden. So können alle von den Perspektiven der anderen lernen (siehe Linktipp).

Linktipp

Um mehr über die Methode „Visual Thinking Strategies" zu erfahren, besuchen Sie **www.educationworld.com** (Suche: VTS).

Wonder Approach (Wunderansatz)

Der „Wonder Approach" wurde von der Psychologin und Pädagogin Catherine L'Ecuyer entwickelt. Nach ihr ist Lernen eine wundersame Reise, die von einer tiefen Reflexion darüber geleitet wird, was die natürlichen Gesetze der Kindheit erfordern: Respekt für die Unschuld der Kinder, ihr Tempo und ihren Rhythmus, ihren Sinn für Geheimnisse und ihren Sinn für das Schöne. Die Kinder der letzten zwanzig Jahre sind in einem zunehmend hektischen und anspruchsvollen Umfeld aufgewachsen, sodass die Erziehung einerseits komplizierter geworden ist und andererseits das Wesentliche aus dem Blickfeld geraten ist. Immer häufiger wird der Terminkalender der Kinder mit endlosen Aktivitäten gefüllt, die dazu führen, dass Freizeit, spontane Aktivität und die Erfahrung von Natur, Schönheit und Stille aus ihrem Leben verschwinden. Ein ständiger Strom von lauten und grellen Reizen stört das nachhaltige Lernen, das in ihnen existiert: das ruhige und stille Entdecken der Welt für sich selbst und in ihrem eigenen Tempo, mit einem Sinn für das Staunen, der über die bloße Neugier für das Unbekannte oder das Interesse an Neuem hinausgeht (vgl. für den gesamten Absatz L'Ecuyer 2014).

Projektbasiertes Lernen in der frühen Kindheit

Projektbasiertes Lernen ist eine praxisnahe Methode, die an die Lebenswelt der Kinder anknüpft und das Lernen über verschiedene Lebensbereiche hinweg unterstützt. Katz und Chard (2013) definieren es als eine eingehende Untersuchung eines

Linktipp
Auf der Website **www.projectapproach.org** können Sie einen Leitfaden zum Projektbasierten Lernen auf Englisch kostenfrei herunterladen. Er stammt von der Gründerin des Ansatzes Sylvia Chard.

Themas durch entweder ein einzelnes Kind oder eine Gruppe von Kindern. Dabei bestimmen die Kinder gemeinsam das Thema, welches sie erforschen, die Mittel, die sie verwenden, und die Art und Weise, wie ihr Lernen präsentiert werden soll. Katz und Chard haben drei Phasen im Verlauf eines Projekts identifiziert (vgl. Katz/Chard 1989):

1. Anfangsphase, in der der Wissensstand geklärt und Fragen entwickelt werden
2. Entwicklungs- oder Praxisphase mit direkten Erfahrungen
3. Abschluss, bei dem die Kinder das gewonnene Wissen teilen, das sie durch verschiedene kreative Methoden gewonnen haben

Weitere Methoden, die bereits vielfach in der Kita praktiziert werden, sind Kinder zu Fragen zu ermuntern, Ähnliches zu vergleichen bzw. Unterschiede herauszufinden sowie zu Beobachtungen mit allen Sinnen anzuregen.

7.3 Umsetzungsbeispiele

Im Folgenden soll aus jeder Hauptkategorie der im Programm PEEC entwickelten Materialien ein Angebot vorgestellt werden.

Selbstwert – Ehrlichkeit

- geeignet für Kinder von 3 bis 6 Jahren
- benötigte Materialien: Bilder, Geschichte
- Dauer: ca. 30 Minuten
- Gruppengröße: bis zu 20 Kinder
- Ziele: Fördern einer Vorstellung von Ehrlichkeit bei den Kindern
- Methodik: Gespräch, Erzählung
- Autor: AMEI-WAECE

Ehrlichkeit stellt einen der wichtigsten Werte in der Persönlichkeitsentwicklung des Kindes dar. Sie ist die Grundlage für die Entwicklung persönlicher Beziehungen.

Viele Kinder denken, Ehrlichkeit bedeutet, dass man „nicht lügt" – und die Wahrheit zu sagen, gehört zweifellos dazu. Aber Ehrlichkeit bedeutet mehr als nicht lügen. Sie bedeutet auch, dass die Handlungen wahrheitsgemäß sind. Sie beinhaltet, die Wahrheit nicht zu verbergen (zu täuschen), keine Regeln zu brechen, um sich einen Vorteil zu verschaffen (zu betrügen), nicht etwas zu nehmen, das einem nicht gehört (zu stehlen). Auch jede andere Handlung, die man verbergen würde, weil sie gegen das verstößt, was man als moralisch richtig ansieht, ist tabu.
In diesem Sinne ist Ehrlichkeit ein Wert oder ein allgemeines Konzept, das andere spezifischere Werte beinhaltet, wie etwa Respekt für andere, nicht die Kontrolle über die Dinge anderer Leute zu übernehmen, aufrichtig in Beziehungen zu sein, nicht zu lügen, immer die Wahrheit zu sagen.

Schritt 1
Finden Sie im Gespräch mit den Kindern heraus, was sie über Ehrlichkeit wissen oder denken.

Schritt 2
Erzählen Sie den Kindern die Geschichte „Ein ehrliches Miteinander" (siehe S. 72). Unterhalten Sie sich nach der Geschichte mit den Kindern. Wie finden sie das Verhalten von Johannes? Sie können mit den Kindern darüber sprechen, was Ehrlichkeit ist, und definieren, was gute Handlungen auszeichnet, wann man jemanden als ehrlich betrachtet. Die Kinder sollen ein Gefühl dafür bekommen, was Ehrlichkeit bedeutet und wie die Beziehungen zwischen ehrlichen Menschen sein sollten.

Gedanken zur Auswertung

- Hatten die Kinder schon vor der Geschichte eine Vorstellung von Ehrlichkeit?
- Wie haben die Kinder das ehrliche Verhalten des Hauptcharakters eingeschätzt?
- Zeigten die Kinder Interesse an ehrlichem Verhalten?
- Konnten die Kinder die Geschehnisse der Geschichte mit eigenen Erfahrungen verbinden?

Linktipp
Auf **https://peec-online.eu/de/ergebnisse/aktivitaeten/** finden Sie alle 26 pädagogischen Praxis-Angebote des Projekts PEEC.

Ein ehrliches Miteinander

Es war einmal ein sehr armes Kind, das mit seinen Eltern in einer armen Gegend am Rande der Stadt lebte. Johannes*, so hieß das Kind, ging jeden Morgen schon früh auf den Markt in der Stadt, um sich Aufgaben zu suchen, für die ihm die Händler am Ende etwas gaben: Obst, Gemüse, Haushaltsgegenstände. Aber als Kind konnte er nicht viel verdienen.

Eines Tages saß er vor einem Obstladen, als er eine ältere Frau sah, die einige Dinge kaufte, die sie in eine große Tüte packte. Johannes ging auf sie zu, um ihr zu helfen, aber die ältere Frau, als sie ihn in Lumpen gekleidet sah, schickte ihn weg. Sie befürchtete, dass das Kind etwas von ihrem Obst stehlen wollte. Johannes störte das nicht, denn er dachte, dass die alte Frau vielleicht schon einmal eine unangenehme Erfahrung gemacht hatte, und er begann, sich nach anderen Dingen umzusehen.

Als die alte Frau mit dem großen Beutel so lief, fiel ihr der Geldbeutel auf den Boden, ohne dass sie es bemerkte. Johannes hob ihn auf und öffnete die Geldbörse: Wow, da war genug Geld drin, dass seine ganze Familie eine Woche lang essen konnte! Was für ein Glück!

Und weißt du, was Johannes tat? Er lief zu der alten Frau, die bereits den Markt verließ, und als sie ihn wiedersah, sagte sie zu ihm: „Sieh mal, Kind, ich habe dir doch schon gesagt, dass ich nicht will, dass du mir hilfst!"

„Werte Dame", antwortete Johannes, „das ist nicht der Grund, warum ich hier bin, und ich möchte Ihnen Ihren Geldbeutel zurückgeben, den Sie dort drüben verloren haben."

Die ungläubige ältere Dame nahm ihren Beutel, schaute hinein und rief aus: „Wie ungerecht bin ich doch gewesen, so ein ehrliches Kind und ich habe es abgewiesen. Aber komm; komm mit mir in mein Haus, damit ich dir alles gebe, was du für dich und deine Familie brauchst."

Seit diesem Tag, so heißt es, nennen alle in der Nachbarschaft Johannes „den Ehrlichen", weil er sich so ehrlich verhielt.

** Hier können Sie selbstverständlich jeden beliebigen Namen einsetzen.*

Ich und andere – Mitgefühl

- geeignet für Kinder von 3 bis 6 Jahren
- benötigte Materialien: verschiedene Erzählungen, Bilder, Fotos
- Dauer: ca. 20 Minuten
- Gruppengröße: bis zu 20 Kinder
- Ziele: (Vorstellung von) Mitgefühl bei den Kindern entwickeln
- Methodik: interaktives Geschichtenerzählen, Gespräch
- Autor: AMEI-WAECE

Mitgefühl wird als die Anteilnahme an den Problemen der anderen definiert. Es ist ein Gefühl der Anteilnahme gegenüber denen, die Not oder Unglück erleiden. Dabei kommt es darauf an, dem Kind beizubringen, sensibel zu sein für die Krankheit seiner Freunde und Freundinnen oder seines Haustiers, für jedes Unglück, das einer Person oder einem Tier widerfährt.
Mitgefühl ist ein Wert, der uns sensibler und menschlicher für die Probleme anderer macht – ein wichtiger Aspekt, um Mobbing von Kindesbeinen an zu verhindern. Es ist eine unabdingbare Voraussetzung, um die Missstände in anderen Ländern zu bekämpfen und eine Kultur des Friedens zwischen den Völkern zu pflegen.

Schritt 1

Laden Sie die Kinder ein, ein paar kurzen Erzählungen zuzuhören. Das Ende jeder Erzählung bleibt offen und soll von den Kindern zu Ende erzählt werden. Zum Beispiel: *„Ein Kind geht eine Straße entlang und sieht, wie ein blinder Mann über die Bordsteinkante des Bürgersteigs stolpert und stürzt. Das Kind …“; „Ein alter Mann sitzt auf einer Bank in einem Park. Eine Gruppe Kinder spielt Fußball in der Nähe. Als eines der Kinder den Ball wirft, trifft er das Bein des alten Mannes …“; „Ein Kind weint verzweifelt, weil es sich verlaufen hat. Plötzlich kommt eine Frau vorbei …“*
Denken Sie sich gern weitere Geschichten aus, die Sie für das Thema „Mitgefühl“ für passend halten. Nutzen Sie für die Erzählungen auch passende Bilder und Fotos.

Schritt 2

Nachdem die Kinder die Geschichte vervollständigt haben, halten Sie die Antworten der Kinder schriftlich fest. Dies sollte gemeinsam in der Gruppe geschehen, sodass alle hören, was die anderen sich ausgedacht haben.

Schritt 3

Lesen Sie die Erzählungen erneut vor, sodass die Kinder jede Erzählung mit dem selbst erdachten Ende hören. Mit Ihrer Unterstützung sollen die Kinder die Geschichten anhand der folgenden Aspekte analysieren:

- Ist die Erzählung in sich stimmig?
- Ist das Ende der Erzählung wirklich mitfühlend oder nicht, und warum?

Heben Sie abschließend alle mitfühlenden Haltungen hervor, die die Erzählungen widerspiegeln.

Gedanken zur Auswertung

- Konnten die Kinder die Erzählung vervollständigen und gaben sie ihr ein mitfühlendes Ende?
- Brauchten die Kinder Unterstützung, um die Geschichte zu vervollständigen und sich ein mitfühlendes Ende auszudenken?
- Drückten die Kinder auch außerhalb der Aktivität Mitgefühl aus?
- Konnten die Kinder von bereits selbst gemachten Erfahrungen mit Mitgefühl berichten?

Konfliktlösung – Mut

- geeignet für Kinder von 5 bis 6 Jahren
- benötigte Materialien: Bilder von Astronauten, Mond und Sternen, Raumschiffen, Weltall etc.
- Dauer: ca. 45 Minuten
- Gruppengröße: bis zu 25 Kinder
- Ziele: Verständnis für Mut als Wert fördern
- Methodik: Erzählung, Gespräch, Beobachtung
- Autor: Innovation Training Center

Mut zu haben bedeutet, mutig zu sein bei neuen Erfahrungen, in schwierigen und/oder gefährlichen Situationen. Mut kann auch bedeuten, aufgrund starker moralischer Überzeugungen standhaft zu bleiben. In beiden Fällen kann es zu Gefühlen von Sorge, Angst oder Beunruhigung kommen. Mut bedeutet nicht, diese Gefühle zu verleugnen, sondern trotz ihrer weiterzugehen.

Überlegungen zum Alter

5- bis 6-Jährige befolgen wahrscheinlich Anweisungen, um Belohnungen zu erhalten, Bestrafungen zu vermeiden oder eine Autoritätsperson zufriedenzustellen. Sie sind emotional an Eltern und Fachkräfte gebunden und sehnen sich nach Anerkennung. Daher sind sie in der Regel bereit, das zu tun, was Erwachsene von ihnen verlangen, und alles zu glauben, was Erwachsene sagen; es sei denn, die Erwachsenen haben sich als unzuverlässig erwiesen. Kinder in diesem Alter lernen immer noch durch Beobachtungen. Deshalb ist es wichtig, gute Beispiele für mutiges Verhalten im Gruppenverband zu haben. Sie können beispielsweise ein kleines Rollenspiel in der Gruppe durchführen, bei dem das Kind Geld findet: „Behältst du es oder suchst du den Besitzer oder die Besitzerin?" Unterstützen Sie die Kinder dabei, ihre Gefühle zu formulieren, während sie Situationen durchspielen, alternative Reaktionen in Betracht ziehen, die Konsequenzen jeder Reaktion besprechen, eine Handlungsmöglichkeit auswählen und die Ergebnisse bewerten.

Schritt 1

Lesen Sie den Kindern eine Geschichte über das Mädchen Maria vor. Fragen Sie die Kinder dann, ob ihnen die Geschichte gefallen hat. Warum, glauben sie, hat Marias Mutter ihr gesagt, dass sie über mutige Menschen sprechen werden?

Maria

In einem fernen Land, wo der Fluss Tajo zwischen Birkenwäldern fließt, lebte ein langhaariges Mädchen namens Maria, das von klein auf den Mond und seine kleinen Schwestern, die Sterne, besuchen wollte. Maria war frech und sehr aktiv, aber manchmal war sie sehr, sehr still, legte sich auf den Boden und schaute in den Himmel, wo sie nachts den Mond und Tausende von glänzenden Sternen sehen konnte. Maria schaute sehr aufmerksam auf die Wolken, denn nach dem, was ihr Großvater ihr erzählt hatte, waren sie Schaumstoff oder Baumwollvorhänge, hinter denen der Mond und die Sterne ihr Haus hatten. Und mit leiser Stimme, damit sie niemand hören konnte, sagte sie lächelnd zu ihnen: „Ja, schöner Mond ... ja, schöne Sterne, zwinkert mir nicht mehr zu, gebt mir keine Zeichen mehr. Bald, sehr bald, werde ich euch besuchen!"

Und eines schönen Tages flog Maria in einem schnellen Raumschiff in den Weltraum, lachend und singend. Maria sah so viele schöne Dinge: blaue Meere, grüne Wälder, große Berge und Flüsse ... und der große Fluss Tajo, der sich von ihr verabschiedete. Aber plötzlich, als sie sehr, sehr weit oben war, so weit oben, dass sie fast die Sterne berühren konnte, fiel Maria aus ihrem Bett.
Ja, wie ihr euch jetzt vorstellen könnt: Maria hatte geträumt! Plötzlich war alles verschwunden und Maria war sehr enttäuscht. Ihre Mutter kam und legte sie wieder ins Bett und flüsterte ihr liebevoll ins Ohr: „Wenn du groß bist, wirst du eine Astronautin sein: Aber um eine Astronautin zu sein, musst du sehr mutig sein. Schlaf, meine Kleine! Morgen werden wir wieder über mutige Menschen sprechen."

Schritt 2
In diesem Schritt stellen Sie den Kindern mutige und tapfere Menschen vor: solche, die entschlossen und mutig handeln, auch wenn sie ein bisschen Angst haben. Fahren Sie mit dem Beispiel Astronauten und Astronautinnen fort:

„In den Kosmos zu reisen ist eine ziemliche Herausforderung, denen sich nur sehr mutige Menschen stellen. Sie riskieren ihr Leben, um den Kosmos zu erforschen, der ein sehr weit entfernter Ort ist. Einige von ihnen haben sogar den Mond erreicht! Um in den Weltraum zu reisen, müssen Weltraumfahrende spezielle Anzüge tragen. Sie müssen Sauerstoff, Wasser und Nahrung in das Raumschiff mitnehmen, denn dort, wo sie hinreisen, gibt es weder Wasser, Nahrung noch Sauerstoff zum Atmen. Es ist eine sehr gefährliche Reise. Sie müssen ein hartes Training absolvieren, um in einem Raumschiff leben zu können, denn wenn die Rakete unseren Planeten verlässt, fangen die Astronauten und Astronautinnen an, wie eine Feder in der Luft zu schweben. (Zeigen Sie zu jeder beschriebenen Situation passende Bilder oder Videos.)
Erinnert euch, dass Marias Mutter ihr sagte, dass man eine mutige junge Frau sein muss, um Astronautin zu werden. Das ist wahr, aber es ist auch eine sehr spannende, hilfreiche und schöne Reise, denn auch dank des Mutes der Astronauten und Astronautinnen kennen wir heute den Kosmos und das Universum viel besser!"

Fragen Sie die Kinder:

- Sind Astronauten und Astronautinnen mutig? Und warum?
- Würdet ihr gerne ein Astronaut oder eine Astronautin sein?
- Wie nennen wir die Menschen, die große Herausforderungen meistern?

Buchtipp

Zum Thema Mut empfiehlt sich die Buchreihe **„Little People, Big Dreams"** (Suhrkamp), die von ganz verschiedenen Menschen und ihren beeindruckenden Lebensgeschichten erzählt: Frida Kahlo, Muhammad Ali, Greta Thunberg …

Schritt 3

Erzählen Sie den Kindern von Ihrer Angst oder Ängsten (Spinnen, dunkle Räume, Höhen etc.) und laden Sie einige Kinder ein, freiwillig über ihre Ängste zu sprechen: *„Wovor fürchtet ihr euch?"*

Wenden Sie sich auch an diejenigen, die noch nicht gesprochen haben, und fragen Sie sie: *„Was möchtest du gerne tun, was du noch nicht getan hast?"* (Als Beispiel: einen Berg besteigen, Ski fahren, ein ausgefallenes Gericht essen usw.)

Schritt 4

Sagen Sie den Kindern nun: *„Manchmal geht es bei Mut darum, das Ängstigende zu tun, über das wir vorher gesprochen haben, und manchmal geht es darum, das Richtige zu tun. Nehmen wir an, ihr seid in einem Ferienlager und einige der älteren Kinder schlagen vor, einen Gruselfilm zu sehen …"* Fragen Sie die Kinder: *„Glaubt ihr, dass es mutig ist, den Film zu sehen? Fühlt es sich richtig an?"*

Zu etwas Nein zu sagen, das sich nicht richtig anfühlt, ist eines der mutigsten Dinge, die wir Menschen tun können. Erklären Sie den Kindern, dass es drei Anhaltspunkte gibt, die ihnen helfen können, den Durchblick zu behalten und die richtige Entscheidung zu treffen: Wird es eine wichtige Regel brechen? Wird es jemanden verletzen? Fühlt es sich für dich richtig an?

Die Entscheidung, ob etwas richtig oder falsch ist, ist der erste Schritt. Der zweite – und das ist der knifflige Teil – besteht darin, einen sicheren Ausweg zu finden. Es ist nicht immer leicht, Nein zu sagen, hier ist der Mut gefragt.

Einige Möglichkeiten könnten sein:

1. weggehen und sagen, dass man etwas anderes zu tun hat
2. vorschlagen, stattdessen etwas anderes zu tun (einen anderen Film zu sehen?)
3. Vorgaben der Eltern heranziehen („meine Mutter/mein Vater hat gesagt, dass ich keine Filme sehen darf, die für ältere Kinder freigegeben sind")
4. „ich werde mich heute auf keinen Fall in Schwierigkeiten bringen: nein"
5. einen Witz machen („Das ist den Ärger doch nicht wert!")
   Fragen Sie die Kinder zum Abschluss: *„Wenn euch also vorgeschlagen wird, einen Gruselfilm zu sehen: Was würdet ihr tun?"*

Gedanken zur Auswertung

- Konnten die Kinder anhand der Geschichten die Bedeutung von Mut/Tapferkeit verstehen?
- Konnten die Kinder ihre Ängste und Wünsche ausdrücken?
- Wie beantworteten die Kinder die Frage aus Schritt 4 („Würdet ihr einen Gruselfilm ansehen, wenn es jemand vorschlägt?")?
- Benötigen die Kinder noch Hilfe bei der Beantwortung der Fragen?

8. Weitere Friedensprogramme

Weltweit gibt es bereits verschiedene Initiativen, Forschungsprogramme und praktische Beispiele für Friedenserziehung in der frühen Kindheit. Drei davon wollen wir hier kurz vorstellen.

8.1 Honoring the Light of the Child

Ein sechswöchiges Programm mit 19 Kindern zwischen 3 und 6 Jahren in den USA zeigte, wie effektiv die Beschäftigung mit Frieden auf das prosoziale, das heißt positive, hilfsbereite Verhalten der Kinder wirkt. Es basiert auf dem Buch „Honoring the Light of the Child" von Sonnie McFarland (2004)*. Pro Woche wurden zwei bis vier neue Aktivitäten daraus in der Morgenrunde eingeführt (siehe Kasten). Diese konzentrierten sich darauf, inneren Frieden wahrzunehmen mithilfe von Methoden wie etwa zur friedlichen Konfliktlösung oder zur Emotionsregulation. Weiterhin wurden zweimal täglich Lieder, Bücher und Spiele zu den Themen Frieden, Liebe und Freundlichkeit miteinbezogen sowie die Kinder zu prosozialem Verhalten ermutigt (vgl. Brauneis 2019).

Ablauf des sechswöchigen Programmes (nach McFarland 2004)

Woche 1 - „Sieh meine Liebe" und „Jeder hat ein Liebeslicht"

„Sieh meine Liebe" soll Kindern helfen Liebe und Frieden in sich selbst zu sehen. Die Materialien beinhalten eine menschliche Silhouette aus Papier mit Herzausschnitt und einer Taschenlampe. „Jeder hat ein Liebeslicht" gibt Kindern ein konkretes Symbol ihres inneren Lichtes der Liebe und des Friedens. Hier wurden gelbe Filzkreise ausgeschnitten und an der Kleidung befestigt (ggf. kann man dies auch abwandeln, z. B. durch Armreife, Bommeln, etc.).

Woche 2 – Bewusstsein des Liebeslichts durch Stille
Diese Aktivität soll den Kindern helfen das Gefühl von Liebe und Frieden in sich selbst wahrzunehmen und ihnen die Möglichkeit geben zu lernen, sich durch Stille selbst zu beruhigen. Als Materialien dienen eine Kerze und ein Kerzenhalter in Lotusform.

Woche 3 – das Medizinrad von Schwarzer Elch und die Friedensvision
Diese Aktivität soll den Kindern helfen bessere Entscheidungen zu treffen. Die Materialien beinhalten ein „Medizinrad", das die verschiedenen Richtungen der eigenen Verhaltensoptionen darstellt: friedliche oder schwierigere/herausfordernde. Weiterhin einen kleinen Baum, kleine Seidenblumen und -vögel. Kinder können die Blumen und Vögel an den Baum in der Mitte des Medizinrades platzieren.

Woche 4 – Baum guter und freundlicher Taten
Diese Aktivität soll Kinder ermutigen sich freundlich und achtsam zu verhalten und freundliches, achtsames Verhalten zu bemerken. Die Materialien beinhalten einen Papierbaum und ausgeschnittene Papierherzen.

Woche 5 – Geist und Emotionen
„Geist" soll den Kindern konkrete Symbole für positive und negative Gedanken geben. Die Materialien beinhalten ein Gesicht, das zwei verschiedene Verfassungen zeigt: ein positives, glückliches Gesicht und ein negatives, trauriges auf der anderen Seite. Dazu wird das Buch „Die kleine blaue Lokomotive" (Watty Piper)* gelesen. „Emotionen" soll den Kindern helfen, die vier Basisemotionen zu erkennen und zu identifizieren: glücklich, traurig, wütend und ängstlich. Das Material enthält vier Emotionskarten und einen Spiegel.

Woche 6 – Konflikte friedlich lösen
Diese Aktivität führt einen Prozess ein, um Konflikte auf prosoziale Art zu lösen. Das Material beinhaltet eine „Friedensrose" und das Buch „The Peace Rose" (Alicia Jewell)*.

Quelle: Die Darstellung des Ablaufs basiert auf Brauneis 2019.

Die Ergebnisse der Untersuchung dieses Programmes zeigten folgende Ergebnisse (vgl. Brauneis 2019):

- Prosoziales Verhalten nimmt mit dem Projekt stetig zu und verdrängt unsoziales Verhalten.
- Das Wissen der Kinder über die Bedeutung von Liebe/Frieden, Gefühlen und kooperativem Verhalten nimmt zu. Dabei steigt etwa die positive Antwort auf die Frage „Hat jeder Mensch Liebe in sich?“ von 47 % vor der Durchführung des Programmes auf 100 %.
- Kinder sind nach dem Projekt in der Lage, ihre eigenen Gefühle besser wahrzunehmen und zu regulieren. Sie können auch konkreter sagen, was sie glücklich macht. Außerdem wissen nun alle Kinder eine Antwort auf die Frage: „Was machst du, wenn du traurig bist?“ Vor dem Programm antworteten 63 % der Kinder: „Weiß ich nicht.“
- Das Konfliktverhalten verbessert sich zunehmend. Mehr Kinder möchten nun über Konflikte mit ihren Freunden und Freundinnen sprechen und Hilfe anbieten, wenn diese weinen. Auch können zum Schluss alle Mädchen und Jungen Verbesserungsvorschläge für prosoziales Verhalten in der Gruppe einbringen.

*Die genannten Bücher sind nicht mehr bzw. nur noch antiquarisch erhältlich.

8.2 Empfehlungen der National Association for the Education of Young Children

Die „National Association for the Education of Young Children" (NAEC) ist eine US-amerikanische Organisation mit 60.000 Mitgliedern, die sich auf die Verbesserung der Qualität und Zugänglichkeit von frühkindlicher Bildung sowie auf die Förderung der Entwicklung von Kindern und Familien konzentriert. Die hier folgenden Tipps zur Friedenserziehung stammen von Haleigh Harper, Erzieherin an einer Montessori-Schule, und Margaret Clark, Assistenzprofessorin für Pädagogik am Massachusetts College of Liberal Arts. Beide plädieren dafür, nicht nur die akademischen Fähigkeiten der Kinder zu priorisieren, sondern wichtige soziale Fähigkeiten wie Neugier, Selbstbewusstsein und Problemlösung zu fördern.

Erkennen Sie die friedensstiftenden Fähigkeiten der Kinder an

Erkennen Sie, wenn ein Kind einen Konflikt oder ein Problem löst oder eine Emotion klar kommuniziert. All dies sind wesentliche Bestandteile der Friedensstiftung. Wenn wir diese Handlungen anerkennen und benennen, zeigen wir den Kindern, wie eigene Fähigkeiten zur Friedensstiftung erkannt und wertgeschätzt werden können: ‚Wow, Maria hat eine Idee, wie ihr alle diese Bausteine teilen und zusammenarbeiten könnt. Sie hat große Problemlösefähigkeiten gezeigt.'

Schaffen Sie Raum für Frieden

Friedensstiftung ist eine Herausforderung – selbst für Erwachsene. Um junge Kinder beim Friedensstiften sowohl im Moment als auch langfristig zu unterstützen, können Sie einen Ort im Gruppenraum festlegen und leicht zugängliche Dinge nutzen. Zum Beispiel kann eine Friedensecke oder ein Friedenstisch genutzt werden, um Konflikte mit Gleichaltrigen auszuhandeln. Und Friedenspuppen können Kindern helfen, ihre Gefühle auszudrücken. Stellen Sie den Kindern den Friedensort und die darauf bezogenen Materialien vor und üben Sie mit ihnen. Nach und nach können Kinder selbstständig die Problembearbeitung übernehmen.

Seien Sie ein Vorbild und benennen Sie Ihre eigenen Friedensfähigkeiten

Kinder sehen uns pädagogische Fachkräfte als Vorbilder, wie Friedensstiftung funktioniert. Während Sie positive Problemlösung demonstrieren, sprechen Sie bewusst über Ihre eigenen Gefühle so, dass Kinder sie hören können. Teilen Sie den Kindern zum Beispiel mit: ‚Auch ich bin gerade frustriert und auch ein wenig überfordert. Ich werde versuchen, ein paar tiefe Atemzüge zu nehmen, um meinen Körper und meinen Geist zu entspannen.'

Sehen Sie, hören Sie zu und lernen Sie

Wenn Kinder große Emotionen ausdrücken, ist es wichtig, aufmerksam zu sein und ihnen den Raum zu geben, uns ihre Erfahrungen mitzuteilen. Sich mit vollem Bewusstsein darauf einzulassen, kann uns helfen, große Emotionen zu verstehen, sobald sie auftauchen: Warum fühlt sich dieses Kind so? Was wissen wir über das Kind (in der Kita und zu Hause)? Wenn wir aufmerksames Zuhören üben, zeigen wir den Kindern auch, dass wir sie wertschätzen und ihre Gefühle respektieren: ‚Ich sehe, dass du dich aufregst. Ich würde gerne wissen, warum – magst du es mir sagen?'

Respektieren Sie das ganze Kind

Positive und ganzheitliche Friedensstiftung erfordert, dass jeder Aspekt der Umgebung respektvoll ist. Sehen Sie sich in Ihrem Gruppenraum um und fragen Sie sich:

- Wie navigiert jedes Kind durch die Einrichtung, den Raum und die Materialien?
- Vor welchen Herausforderungen steht jedes Kind? Sind diese Herausforderungen entwicklungsgerecht?
- Welche Gestaltungsänderungen kann ich vornehmen, um jedem Kind zu helfen, mit und von der Umgebung zu lernen?

Feiern Sie positive Geschichten und teilen Sie Bücher über Frieden

Benennen Sie die Erfolge des Tages und prognostizieren Sie, dass und wie die Kinder weiterhin positive Beziehungen aufbauen und erfolgreiche Interaktionen haben werden: ‚Ich möchte euch sagen, was mir heute beim Frühstück aufgefallen ist. Ich bemerkte, dass James Mühe hatte, seine Brotbüchse zu öffnen, und Will bot an, ihm zu helfen. Als Will die Brotbüchse öffnete, lächelte James. Ich merkte, dass er froh war,

einen so netten Freund zu haben. Ich weiß, dass ich weiterhin sehen werde, wie ihr euch umeinander kümmert, euch gegenseitig helft und euren Dank ausdrückt, und das ist spannend mitzuerleben.'
Bücher über Frieden (und Friedensstiftung) sind auch großartige Quellen für das Was, Warum und Wie der Friedensstiftung [...]" (Clark/Harper 2020).

8.3 Friedenserziehung nach Rosmarie Greiner

Rosmarie Greiner, eine US-amerikanische Pädagogin, Umweltschützerin und Friedensaktivistin, hat ihr Friedens-Curriculum aus ausgedehnten Studienreisen innerhalb der USA im Laufe der Jahre entwickelt und angepasst. Dabei hat sie sich die zentrale Frage gestellt, wie wir Kita-Kindern alters- und entwicklungsgerecht helfen können, zu Friedensstiftern und -stifterinnen zu werden. Die von ihr gewählten sechs Themen zielen auf einen integrativen Ansatz zur Friedenserziehung.

Selbsterkenntnis & Verbundenheit mit anderen

Ein positives Selbstbild ist die Grundlage vertrauensvoller zwischenmenschlicher Beziehungen. Ein Kind, dessen früheste Beziehungen durch Sicherheit und Vertrauen geprägt waren, fühlt sich geschätzt und akzeptiert und hat die Sicherheit, seine einzigartigen Gefühle und Fähigkeiten und somit sich selbst kennenzulernen. Von dieser Basis aus werden sich Kinder ihrer Verbundenheit mit anderen bewusst. Selbstakzeptanz und Liebe zu sich selbst legen die Grundlage dafür, andere zu akzeptieren und zu lieben. Mit zunehmendem Alter und Gelegenheiten zur sozialen Interaktion entdecken Kinder die Vorteile von Kooperation, Empathie, Akzeptanz, freundlichem Umgang und Fürsorge.

Respekt für Vielfalt

Um Kindern dabei zu helfen, ein positives Identitätsgefühl zu entwickeln, müssen ihre Familienkultur, ihre Muttersprache, ihre sexuelle Identität und ihre ethnische Herkunft gewürdigt werden. Darüber hinaus brauchen Kinder Unterstützung, um zu verstehen, dass es andere gute Menschen gibt, die auf eine andere Art aussehen, denken und handeln, die für das Kind neu oder ungewohnt ist. Ohne diese Unterstützung können Ängste, Fehlinformationen und Ignoranz zu Stereotypen und Vorurteilen führen. Respekt für die Vielfalt von Menschen bezüglich ihrer Kulturen, Altersgruppen, körperlichen und geistigen Fähigkeiten kann auf der natürlichen Neugier der Kinder auf alles, was neu und anders ist, aufgebaut werden.

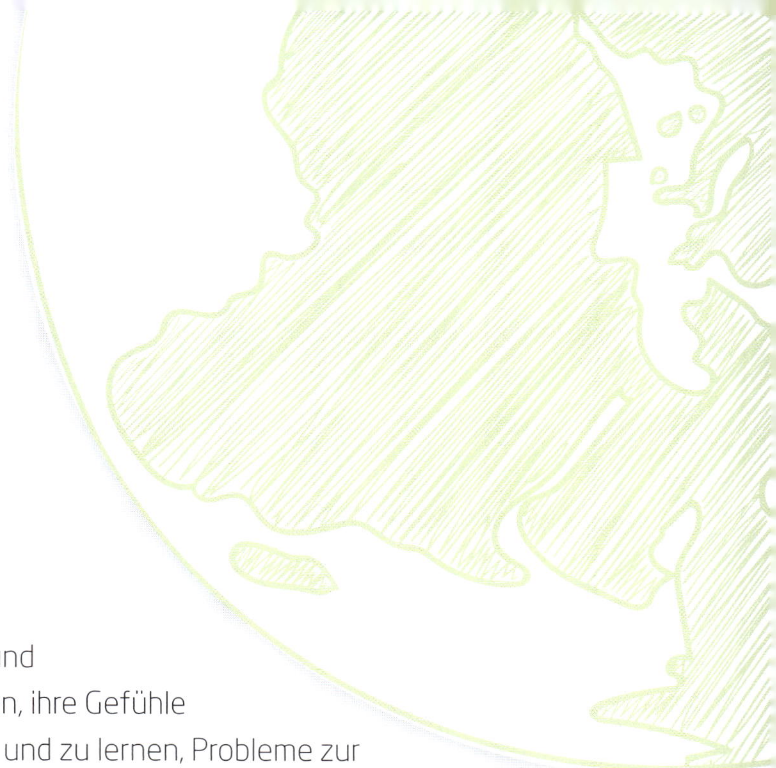

Kreative Konfliktlösung & Gerechtigkeitssinn

Kinder erleben unmittelbar Konflikte über unbefriedigte Bedürfnisse, weggenommene Dinge, nicht geschenkte Aufmerksamkeit und widersprüchliche Vorstellungen. Gefühle von Angst, Groll und Feindseligkeit können entstehen, wenn sie nicht darin unterstützt werden, ihre Gefühle zu verstehen und auszudrücken. Man kann den Kindern helfen, ihre Gefühle auf nicht verletzende Weise auszudrücken und zu lernen, Probleme zur beidseitigen Zufriedenheit zu lösen. Das Kind, dem zugehört wird, lernt zuzuhören. Die natürlichen Veranlagungen des Kindes zu Empathie, Zusammenarbeit und Verbindung sind die Bausteine für die Konfliktlösung. Kinder können schon früh ein Gefühl für Fairness, Unfairness, Gerechtigkeit und Ungerechtigkeit entwickeln. Wir können Kindern darin unterstützen zu verstehen, dass gewalttätige Lösungen schädliche Folgen haben und dass das Lösen von Problemen zu Freundschaft und Gemeinschaft führt.

Fantasie & Spielfreude

Kinder sind von Natur aus intuitiv, spontan einfallsreich und kreativ. Kreativität ist der Prozess, Dinge auf neue Weise zu betrachten, etwas auszuprobieren, das man noch nie zuvor probiert hat. Die Fantasie ermöglicht es Kindern, verschiedene Handlungsmöglichkeiten zu entdecken. Außerdem gehört es zur Kreativität, Dinge auszuprobieren, die nicht funktionieren, Fehler zu machen und unerwarteten Dilemmata zu begegnen. Die Intensität und Tiefe der Spielfreude nährt die Freude eines Kindes am Leben und gibt ihm eine natürliche Werkstatt, um einer verwirrenden Welt einen Sinn zu geben. Die Freude des Kindes an der Vorstellung bietet eine Werkstatt zur Problemlösung und entwickelt ein Gefühl von Handlungsfähigkeit, Selbstwirksamkeit, Freude und Kompetenz.

Achtsamkeit & Liebe zur Natur

Verständnis für und Verbundenheit mit der Natur beginnt schon in jungen Jahren. Die sensorische Herangehensweise der Kinder an das Leben regt sie dazu an, die reichhaltige Umgebung, in der sie sich befinden, zu berühren, zu schmecken und sich körperlich mit ihr zu verbinden. Tiere, Pflanzen und die freie Natur wirken auf alle Kinder anziehend. Ein Gefühl des Staunens, die Freude am Erkunden und das Wissen über viele Lebensformen bauen im Kind ein tiefes Gefühl der Verbundenheit mit der natürlichen Welt auf. Die Ermutigung, die Natur zu respektieren, zu pflegen und zu genießen, schafft ein beginnendes Bewusstsein für unsere Verantwortung gegenüber unserem Planeten und fördert den Respekt für alles Leben.

Globales Bewusstsein

Kinder wachsen heute in einer Welt beispielloser Völkerwanderungen und technologischer Fortschritte auf, die zu einem eng verflochtenen globalen Dorf geführt haben. Viele junge Menschen haben Familie in anderen Ländern und bewegen sich zwischen den Kulturen hin und her. Obwohl junge Kinder ein begrenztes Gefühl für Entfernung, Größe oder Zeit haben, interessiert es sie sehr, wie ihre Welt aussieht und wie Menschen auf dem ganzen Planeten leben. Schon in jungen Jahren können Kinder erkennen, dass ‚jeder schläft, aber manche Menschen schlafen in Hängematten, andere auf Futonmatratzen, manche auf Pritschen und manche in Betten'. Überall auf dem Planeten sind die Menschen sehr ähnlich und doch sehr unterschiedlich. Zu lernen, sowohl unsere Unterschiede als auch unsere Gemeinsamkeiten wertzuschätzen, ist eine grundlegende Aufgabe von Friedensstiftern und Friedensstifterinnen" (Olsen Edwards 2006).

Was wir noch sagen wollten …

„Wir sollten nicht fragen: Was muss ein Mensch wissen oder können, um in die bestehende Gesellschaftsordnung zu passen? Stattdessen sollten wir fragen: Was lebt in jedem Menschen und was kann in ihm entwickelt werden? Nur dann wird es möglich sein, die neuen Qualitäten jeder heranwachsenden Generation in die Gesellschaft zu lenken."

(Rudolf Steiner, Begründer der Waldorfpädagogik)

Wir können der „menschlichen Natur" nicht die Schuld geben, wenn Kinder aggressiv oder selbstsüchtig handeln. Umfangreiche Untersuchungen haben gezeigt, dass diese Eigenschaften nicht natürlicher sind als der Impuls zu Empathie oder Großzügigkeit. Wie aber können wir diese positiven Neigungen nähren? Wie können wir Kindern helfen, ihre Fürsorgefähigkeit zu nutzen, Verständnis für andere und Mitgefühl zu entwickeln, auf dem ein Gemeinschaftsgefühl statt Konkurrenzdenken aufbauen kann? Wie können wir sie in die Lage versetzen, nachhaltig zu leben?
Die Basis dafür legen wir in unserem eigenen Inneren. Nur wenn wir in uns selbst Frieden schaffen – durch Selbstreflexion, Achtsamkeit und Selbstmitgefühl –, können wir unseren Schutzbefohlenen authentische Vorbilder sein und sie zu friedfertigen Erdenbürgern und -bürgerinnen erziehen. Wenn wir eine nachhaltige Lebensweise für uns, unsere Kinder und nachfolgende Generationen anstreben, müssen wir unser bisheriges Denken und Handeln auf den Prüfstand stellen, vom Kopf auf die Füße. Kein technokratisches, rein verstandesgeleitetes Fortschrittsdenken ist auf unserem Planeten endlicher Ressourcen gefragt, sondern ein tiefes emotionales Verstehen unserer Verbundenheit als globale Menschenfamilie. Als Teil des Ökosystems sind wir gemeinschaftlich verpflichtet, sorgsam mit Mutter Erde umzugehen, die uns alle ernährt. Wir müssen endlich ernsthaft die Verantwortung für unser jetziges und das Handeln zukünftiger Generationen übernehmen. Es gibt keinen Planet B!

Begeben wir uns offenen Herzens, wie Kinder, gemeinsam auf die abenteuerliche Reise, um Frieden seine ursprüngliche Bedeutung wiederzugeben: Liebe und Freude! Wir hoffen, wir konnten Ihnen einige Anregungen und Motivation vermitteln, um Friedenserziehung in Ihrem beruflichen und privaten Umfeld umzusetzen. Bei Rückfragen oder Weiterbildungswünschen stehen wir gern zur Verfügung.

Empfohlene Kinderbücher

Feder, T. (2022): Körper sind toll. Berlin: Zuckersüß Verlag, ab 3 Jahre
Wimmelig-buntes Bilderbuch, das alle Körper und ihre Vielfalt feiert

Kaduhi, R. (2022): Ich bin doch gar nicht gruselig! München: arsEdition, ab 3 Jahre
Zuckersüße Geschichte über Angst, Vorurteile und Freundschaft

Maier, D. (2021): Nante die Nacktschnecke. Ein Abenteuer mit Vorurteilen. Eigenverlag, ab 3 Jahre
Niedliche Reimgeschichte – zeigt, was uns entgehen kann, wenn wir andere ausgrenzen

Gholz, S./Harren, K. (2021): Der Junge, der einen Wald pflanzte. Berlin: Zuckersüß Verlag, ab 4 Jahre
Mutmachende, wahre Geschichte über Nachhaltigkeit und die Kraft der Veränderung

Luyken, C. (2022): Der Baum in mir. Berlin: Zuckersüß Verlag, ab 4 Jahre
Bildgewaltiges Buch über Stärke und Selbstbewusstsein

Nyong'o, L./Harrison, V. (2021): Sulwe. Blaufelden: Mentor Verlag, ab 4 Jahre
Herzerwärmendes Buch, das zeigt, dass jedes Kind und jede Hautfarbe schön ist

Gómez Redondo, S./Wimmer, S. (2016): Am Tag, als Saída zu uns kam.
Wuppertal: Peter Hammer Verlag, ab 5 Jahre
Poetisches Kinderbuch über Sprachbarrieren und kulturellen Reichtum

... und viele weitere tolle Kinderbücher aus dem Zuckersüß Verlag: www.zuckersuessverlag.de

Literatur

Kapitel 7 und weitere Absätze wurden leicht überarbeitet entnommen aus: Goldberg, J. et al./Peace Education in Early Childhood to prevent Bullying (PEEC) (2021): IO3. Methodischer Leitfaden für die Friedenserziehung. Förderung von Gleichheit, Vielfalt und Integration und weitere Vorbeugung gegen Gewalt und Mobbing in der frühen Kindheit. http://peec-online.eu/wp-content/uploads/IO3-PEEC_Guidelines_DE.pdf.

Alfonso, S. M. (2014): Peace education in early childhood education. In: In Factis Pax, 8(2), S. 167–188. Eigene Übersetzung.

Bernitzke, F./Schlegel, P. (2004): Das Handbuch der Elternarbeit. Troisdorf: Bildungsverlag Eins.

Bonwell, C. C./Eison, J. A. (1991): Active Learning: Creating Excitement in the Classroom. ASHE-ERIC Higher Education Reports. Eigene Übersetzung. https://files.eric.ed.gov/fulltext/ED336049.pdf.

Boris, V. (2017): What Makes Storytelling So Effective For Learning? Eigene Übersetzung. https://www.harvardbusiness.org/what-makes-storytelling-so-effective-for-learning/.

Bosler, D./Vogt, L. (2018): Friedenspädagogik in der Kita – Möglichkeiten und Grenzen einer Verbindung mit dem Anti-Bias-Ansatz. https://www.nifbe.de/component/themensammlung?view=item&id=758&catid=132&showall=1&start=0.

Brauneis, M. N. (2019): The Effects of Peace Education on Children's Prosocial Behavior in an Early childhood Classroom. Eigene Übersetzung. https://sophia.stkate.edu/maed/342.

Bundesministerium für Umwelt, Naturschutz, nukleare Sicherheit und Verbraucherschutz (BMUV) (2020): Die 2030-Agenda für Nachhaltige Entwicklung. https://www.bmuv.de/themen/nachhaltigkeit-digitalisierung/nachhaltigkeit/die-2030-agenda-fuer-nachhaltige-entwicklung.

Cantzler, A./Wedewardt, L. (2022): Sich seiner selbst bewusst sein. Freiburg: Herder.

Cantzler, A. (2020): Balance zwischen Empathie und Selbstfürsorge, https://coaching-cantzler.de/2020/04/03/balance-zwischen-empathie-und-selbstfursorge/ (letzter Zugriff: 17.01.2023)

Clark, H./Harper, M. (2020): Pillars of Peace: Tips for Peacemaking in the Early Childhood Classroom. In: Teaching Young Children, 13(5). Eigene Übersetzung. https://www.naeyc.org/resources/pubs/tyc/aug2020/pillars-peace.

Deutscher Bundestag (2017): Transgenerationale Traumatisierung. Sachstand WD 1 – 3000 – 040/16. https://www.bundestag.de/resource/blob/501186/5cab3d455ea7c85a1dfbd7ce458d499a/WD-1-040-16-pdf-data.pdf.

Draht, C. M. (2017): Die Kita – ein gefährlicher Ort für Kinder? https://www.nifbe.de/component/themensammlung?view=item&id=739:die-kita-ein-gefaehrlicher-ort-fuer-kinder&catid=273.

Drexler, K. (2021): Ererbte Wunden erkennen und heilen. https://psylife.de/magazin/transgenerationale-traumata-heilen.

Eckert, E./Raapke, H. D. (2015): Welche Erziehungsangebote in welcher Phase? Zur Bedeutung der Entwicklungsstufen in der Montessori-Pädagogik. In: M. Klein-Landeck (Hrsg.): Fragen an Maria Montessori. Immer noch ihrer Zeit voraus? Freiburg: Herder, S. 15–32.

Franz, M. (2018): 55 Methoden für erfolgreiche Teamsitzungen und Elternabende in der Kita. München: Don Bosco.

Gugel, G./Jäger, U. (1997): Gewalt muss nicht sein. Eine Einführung in friedenspädagogisches Denken und Handeln. Abgerufen unter: https://www.dadalos-d.org/frieden/grundkurs_3/prinzipien.htm.

Haskins, C. (2011): Educating for peace: Nurturing the spirit of the child through transformative philosophy, structure, and curriculum in the early childhood classroom. In: Our Schools, Our Selves, 20(2), S. 67–82. Eigene Übersetzung.

Herder (o. J.): Sensible Phase(n) bei Kita-Kindern. https://www.herder.de/kiga-heute/fachbegriffe/sensible-phasen/.

Hunziker, D. (2015): Das Zurückgewinnen von Selbstliebe und Lebendigkeit mit Hilfe einer potenzialentfaltenden Beziehungskultur. https://www.bildungsreich.org/ver%C3%B6ffentlichungen/b%C3%BCcher-texte-newsletter/selbstliebe-und-lebendigkeit/.

International Federation of Red Cross and Red Crescent Societies (IFCR) (2011): The Red Cross Red Crescent approach to promoting a culture of non-violence and peace. https://www.ifrc.org/PageFiles/53475/1205900-Advocacy%20report%20on%20Promotion%20of%20culture%20of%20peace-EN-LR%20(2).pdf.

Katz, L. G./Chard, S. C. (2013): The Project Approach: An Overview. In: J. Roopnarine/J. E. Johnson (Hrsg.): Approaches to Early Childhood Education. Upper Saddle River, NJ: Pearson., S. 268–284.

Kriechel, B. (2019): Transgenerationales Trauma: „Das Schlimmste ist das Schweigen". https://medicamondiale.org/gewalt-gegen-frauen/aktuelles/transgenerationales-trauma-das-schlimmste-ist-das-schweigen.

L'Ecuyer, C. (2014): The Wonder Approach to learning. In: Frontiers in Human Neuroscience, 8(764). https://www.researchgate.net/publication/267739639_The_Wonder_Approach_to_learning.

Leitner, B. (2022): Selbstfürsorge im Kita-Alltag. https://ave-institut.de/selbstfuersorge-im-kita-alltag/.

Ludwig, H. et al. (Hrsg.) (2017): Grundgedanken der Montessori-Pädagogik. Quellentexte und Praxisberichte. Freiburg: Herder.

Mack, H. (2018): Was ist „Struktureller Frieden" und „Strukturelle Demokratie"? http://www.neoexpressionismus.de/realtheater.tv/struktureller-frieden.htm.

Manegold, B. (2022): Unterstützen kann nur, wem es selbst gut geht! – Selbstfürsorge für pädagogische Fachkräfte. https://www.klett-kita.de/blog/unterstuetzen-kann-nur-wem-es-selbst-gut-geht-selbstfuersorge-fuer-paedagogische-fachkraefte.

McFarland, S. (2004): Honoring the Light of the Child. Activities to Nurture Peaceful Living Skills in Young Children. Shining Mountains Press.

Memory Biografie- und Schreibwerkstatt e. V. (2022): Was ist Biografiearbeit? https://memory-werkstatt.de/biografiearbeit/.

Montessori Zentrum ANGELL Freiburg (o. J.): Sensible Phasen. https://www.angell-montessori.de/allgemeines/paedagogisches-konzept/sensible-phasen.

Nicholson, J./Nadiv, S. (2020): The Power of Play for Addressing Trauma in the Early Years. Eigene Übersetzung. https://acei.org/wp-content/uploads/2020/05/TraumaPowerPlay Brief.pdf.

Olsen Edwards, J. (2006): Peace Education for the young child. Based on the work of Rosmarie Greiner. Eigene Übersetzung. http://www.childpeacebooks.org/cpb/Protect/teachPeace.php.

Online Etymology Dictionary (2021): peace (n.). https://www.etymonline.com/word/peace.

Pokorny, J. (1959): Indogermanisches Etymologisches Wörterbuch. https://indogermanisch.org/pokorny-etymologisches-woerterbuch/pr%C4%81i-_pr%C9%99i-_pr%C4%AB-_pri.htm.

Sönsken, S./Kruck, A./El Zahel, Z. (2020): Nachhaltig wirken: Friedensentwicklung und -erhalt. In: Berghof Foundation (Hrsg.): Berghof Glossar zu Konflikttransformation und Friedensförderung. 20 Essays zu Theorie und Praxis. https://berghof-foundation.org/files/publications/Glossary-GER-2020-online.pdf.

Südwind Verein für Entwicklungspolitik und globale Gerechtigkeit/Rhizome against Polarisation (RaP) (o. J.): Die Definition von Gewalt nach Johan Galtung. https://rap.education/hintergrundwissen/gewalt/.

Textor, M. R. (2004): Der Ablauf von Projekten. https://www.kindergartenpaedagogik.de/fachartikel/projektarbeit-projekte/1144/.

Trabalzini, P. (2015): Ist eine Erziehung zum Frieden möglich? Maria Montessori und der Aufbau einer „Wissenschaft vom Frieden". In: M. Klein-Landeck (Hrsg.): Fragen an Maria Montessori. Immer noch ihrer Zeit voraus? Freiburg: Herder, S. 93–104.

Unesco (o. J.): Verfassung der Organisation für Bildung, Wissenschaft und Kultur (UNESCO). https://www.unesco.de/mediathek/dokumente/verfassung-der-organisation-fuer-bildung-wissenschaft-und-kultur.

Waniek, J./Nae, N (2017): Active learning in Japan and Europe. In: Euromentor Journal, 8(4), S. 82–97. Eigene Übersetzung.

Warsewicz, S. (2019): „Wir sehen nicht die Dinge wie sie sind, sondern wir sehen sie, wie wir sind." Talmud. https://www.sandra-warsewicz.de/2019/01/31/wir-sehen-nicht-die-dinge-wie-sie-sind-sondern-wir-sehen-sie-wie-wir-sind-talmud/.

Wiedel-Lubinski, M. (2019): Nature-Based Mindfulness for More Calm & Peaceful Kids. Eigene Übersetzung. https://www.naeyc.org/resources/blog/nature-based-mindfulness.

Wikipedia – Die freie Enzyklopädie (Hrsg.) (2022): Seite „Positiver Frieden". Bearbeitungsstand: 8. Juli 2022. https://de.wikipedia.org/w/index.php?title=Positiver_Frieden&oldid=224332385.

Zoeppritz, M. (2016): Peace education through emotional development in ECE. Eigene Übersetzung. https://www.hekupu.ac.nz/article/peace-education-through-emotional-development-ece.

Der letzte Zugriff der Online-Quellen erfolgte am 10.10.2022.

Autorinnenvita

Jana Goldberg, M. A. Kulturwissenschaften und Amerikanistik, Universität Leipzig. Seit 2017 Fachbereichsleiterin Internationale Bildung & Integration an der Johanniter-Akademie Mitteldeutschland, Leipzig.

Julia Menschner, Diplom-Sozialpädagogin und Erzieherin. Seit 2013 als Dozentin und ab 2022 als Fachbereichsleiterin der Vollzeitausbildung des Fachbereichs Sozialpädagogik an der Johanniter-Akademie Mitteldeutschland, Leipzig, tätig.